VIE
DE
M. DE SAUSIN,
Évêque de Blois,

par M. H.-H. PESCHEUX-DE-VENDOME,

AUTEUR DE PLUSIEURS OUVRAGES.

ROMORANTIN,

CHEZ CROS, LIBRAIRE-ÉDITEUR,

ET CHEZ TOUS LES LIBRAIRES

DU DIOCÈSE.

1844.

1845

Deux exemplaires
ont été déposés conformément à la loi.

Tout exemplaire qui ne sera pas signé par l'auteur sera contrefait.

ORLÉANS.—Imprimerie et Librairie de DURAND,
Rue des Carmes, 60.

A mon Pays.

Vendôme, ma patrie, où mon cœur a senti ses premières inspirations, goûté les premières joies de l'enfance et dont le collége m'a révélé la science de Descartes et de Pascal, et répété les savantes leçons de Flotte et Cousin. Je t'offre cette vie d'un prélat que tu pleures comme ta sœur des rives de la Loire. Ce livre retrace le tableau des vertus les plus magnifiques et de la morale la plus pure.

Daigne agréer l'hommage sincère de l'un de tes plus dévoués citoyens,

AVANT-PROPOS.

Ce livre est la vie d'un pieux et illustre serviteur de Dieu. Son nom a été béni des hommes et prédestiné du ciel. Il passa quatre-vingts ans à faire le bien. Sa carrière fut sillonnée de longs orages, et le vent de la colère qui s'était élevé autour de la France, l'avait emporté dans son tourbillon vers les régions lointaines de l'exil. Les dernières années de sa longue vieillesse furent honorées du titre vénérable des évêques.

C'est le récit de ces formidables évènements que nous avons entrepris. Etrange rapprochement ! il semble que la mort ait choisi les mêmes jours pour frapper ses grands coups sur les têtes épiscopales. Trois vieillards ont quitté les vallées de douleurs et de travaux où la houlette des pasteurs avait été confiée à leurs mains. MM. Philippe-François de Sausin, évêque de Blois, Prosper de Tournefort, évêque de Limoges, et le glorieux Pontife de la ville d'Autun, ont laissé les peuples de leurs diocèses dans les sublimes tristesses d'un long deuil.

Après avoir assisté aux pompes glorieuses d'un sacre d'évêque dont le vieux consécrateur était ce vénérable Prosper de Tournefort, il nous a donc fallu pleurer aux obsèques fameuses du plus pieux des évêques de Blois. Quand nous venons de tracer dans un ouvrage, tout récent encore, les appareils religieux et les fêtes merveilleuses du sacre de Monseigneur J.-B.-P.-L. Berthaud, évêque de Tulle, il nous est réservé de peindre les pompes funèbres qui ont suivi le trépas de M. de Sausin. Qu'il est différent le tableau du vieux prélat couché dans son cercueil et en vain revêtu des habits pontificaux, du tableau que nous tracions d'un jeune prêtre se levant tout-à-coup la mître sur la tête, le manteau sacré sur ses robustes épaules, le rubis au doigt, le bâton d'or dans une main et l'autre étendue pour bénir ses frères !

Alors nous répétions avec bonheur :

Quel bruit de toutes parts ! L'airain sacré résonne,
Le peuple entre à longs flots ;
Comme aux jours solennels le temple saint rayonne,
Et l'encens tourbillonne,
Et s'élèvent des chants nouveaux.

De quels serments si saints prend-on Dieu pour arbitre?
Pour qui ce bâton d'or,
Ces vêtements sacrés, ce redoutable titre ?
Et pour qui cette mître ?
Mais qui tremble à genoux encor !

Levez-vous, ô Berthaud ! Partez ! qui vous arrête !
De Dieu soyez l'écho.
De ses profonds secrets, ô sublime interprète,
Embouchez la trompette :
Et je vois crouler Jéricho !

Mais dans cet ouvrage nous pleurons sur la dépouille mortelle de celui qui brilla vingt ans, sous les mêmes vêtements des pontifes. Ces ornements sacrés sont usés sous les lèvres de ceux qui les couvrent de baisers, et leurs lambeaux sont partagés en mille pièces pour être conservés religieusement comme ces merveilleuses reliques conquises et apportées par nos pères des régions lointaines de l'Orient. Nous décrivons les causes d'une si prodigieuse vénération pour le prélat Blaisois.

Mais afin de remplir tous les devoirs d'un biographe consciencieux, nous avons été puiser aux sources les plus sûres. Nous avons interrogé les prêtres qui ont vécu avec M. de Sausin. Nous avons rassemblé tout les intéressants détails que nous ont donnés une foule d'ecclésiastiques. Mais nous pouvons assurer ici, avec la plus grande vérité, que nous n'avons rien inséré, dans cette vie, que ces prêtres ne nous aient juré avoir vu de leurs propres yeux ou recueilli de la bouche même du pieux évêque. Nous possédons les noms de tous ceux qui nous ont fourni quelques documents, et, dans les notes que nous en conservons sous le silence, nous avons mis en regard de chacune le nom de celui qui nous l'a donnée.

Ce livre est donc vrai, et, s'il est vrai, il devient précieux.

Peut-être quelques-uns blâmeront les fleurs et la luxure du style. Nous répondrons à ceux-là que nous ne l'avons pas fait pour séduire le lecteur et l'amuser au lieu de l'instruire. Nous n'avons suivi que notre cœur, et, à notre âge de jeune homme, quand on a de si belles choses à décrire et de pareils évènements à retracer, il n'est guère possible d'écrire froidement. Si donc nous avons péché, qu'ils nous pardonnent en faveur de la cause que nous exposons. Les grandes vertus sont si rares de nos jours qu'on n'en peut trop magnifiquement parler, s'il nous arrive d'avoir une fois en notre vie le bonheur d'en pouvoir offrir aux yeux des peuples.

Il est possible que plusieurs détails aient été omis dans cette vie; mais ils rentreraient tous dans l'une des classes de ceux que nous avons décrits, et ils ne sont d'aucune importance. Un peintre qui veut représenter un arbre dans toute sa pompe du printemps, peut très bien retrancher quelques fleurs et quelques feuilles dans son tableau, sans avoir manqué à la fidélité de l'image.

Ce livre est donc une œuvre digne de quelque attention. Les hommes religieux le liront avec une douce consolation et les impies s'étonneront de l'avoir acquis. Ces ennemis du culte et de ses ministres porteront envie à la gloire pure et sainte de M. de Sausin, et ils sentiront dans leur cœur un profond regret de n'avoir jamais goûté le bonheur de la vertu; car il n'y a point de vertus dans un cœur impie.

Puisse la lecture de cette admirable vie les ramener au Dieu qu'ils renient du haut de leur Babel de folie et d'orgueil! Puisse la protection du pasteur, qui vient de monter du siège épiscopal au trône des élus, changer l'anathème qui s'abaisse sur leurs têtes superbes et opérer enfin le prodige qu'il a tant de fois demandé sur la terre; car nous ne doutons pas que ce généreux prélat ne veille sur son diocèse du haut des cieux promis aux saints.

VIE

DE

M. DE SAUSIN,

ÉVÊQUE DE BLOIS.

CHAPITRE 1er.

NAISSANCE DE M. DE SAUSIN. — SES ÉTUDES. — SES ORDRES.

Madame de SAUSIN pleurait sans cesse la mort prématurée de quatre jeunes fils trop tôt ravis à son généreux amour. Orange avait retenti de ses douleurs et la noble et malheureuse mère priait avec une profonde anxiété pour le cinquième fruit de son union qu'elle portait dans ses entrailles. Mais un homme de Dieu, touché de ses frayeurs maternelles et inspiré du Verbe qui fait prophétiser la bouche du juste, lui dit avec un doux sourire :

« Madame, que la paix du ciel soit avec vous ! quand vous aurez mis au jour l'enfant qui est dans votre sein, donnez-lui le nom de *François*, et il vivra. »

Cet étrange prophète était un humble franciscain.

Peu de mois après naquit cet enfant de bénédiction, et on le nomma PHILIPPE-FRANÇOIS DE SAUSIN, en joignant au nom de son père celui qu'avait indiqué le saint vieillard du cloître. Il vint au monde le onze février mil sept-cent cinquante-six sous le règne de Louis-le-bien-aimé, et Orange fut son berceau.

La famille du jeune Sausin était riche et noble : la Hollande et l'Allemagne en ont honoré les noms et la gloire, et s'énorgueillissent encore de sa postérité. Mais l'hérésie de l'apostat Luther a triomphé de sa foi, et le Protestantisme la compte dans le troupeau de ses adorateurs.

Cependant la mère du jeune Sausin conserva le cœur de son fils au vrai culte de son Dieu et l'ouvrit comme une tendre fleur au souffle bien-aimé de la piété. Son oreille n'entendit que la voix de sa mère qui priait pour lui le Dieu qu'il ne comprenait pas encore, et il apprit d'elle à joindre ses mains devant l'image de celle qui tient un enfant dans ses bras. Entouré des plus tendres soins et béni de celui qui dispense les jours et les forces à l'homme, il grandit paisiblement sous les yeux de sa mère. Sa jeune intelligence surpassa les progrès de l'âge et son esprit devança les faibles conceptions de l'enfance.

Alors il lui fallut quitter la paix et les douceurs de la maison paternelle, et on l'enferma dans Sorèze, enceinte fameuse où le cœur et la pensée partagent également la manne sacrée de la morale et de la science. Là, au milieu de nombreux condisciples, sans crainte et sans dégoût, François de Sausin commença le cours de ses glorieuses études. Vif et doux, humble et noble, il fut aimé de ses égaux et de ses maîtres. Il recevait les éloges sans orgueil et les avis sans amertume. La religion de sa mère était devenue le culte heureux de son cœur; il n'avait pas oublié qu'elle avait répandu les plus douces prières avec ses larmes pour la conservation de sa fragile existence, et que Dieu lui avait annoncé, par la bouche d'un enfant du cloître, qu'il vivrait. Sausin abhorrait trop l'ingratitude pour ne pas se jeter dans le sein de cette douce religion qui bénit l'homme au berceau, charme ses douleurs ici-bas et l'endort par ses chants maternels, quand elle veut le rendre au séjour de son Dieu.

Voilà ce qu'il sentait, s'il ne le raisonnait pas encore.

Aussi déjà l'on admirait sa piété, lorsque, seul, humble et prosterné, il aimait à prier aux pieds des autels. Dans le sanctuaire il avait trouvé un père ; dans la blanche chapelle de la Vierge une mère consolante et chérie, et dans chacun de ses égaux un frère bien-aimé.

Cependant il fallut quitter ce lieu, ces amis, ce bonheur.

Le jeune François de Sausin touchait à l'adolescence, et il avait parcouru tous les degrés de la maison de la science. Après un petit nombre de jours passés sous le toit paternel, au milieu des pleurs et des adieux, il put s'arracher aux embrassements de sa mère qui le baignait de ses larmes et aux baisers affectueux de son père qui le bénissait à son départ. L'instant cruel était venu de se rendre à Paris : François de Sausin se mit en route pour la grande ville des glorieux héritiers de ce Louis si fameux par sa piété, son courage et ses vertus, et dont le nom est invoqué devant les autels du Dieu-vivant. Le jeune Dauphinois fut recueilli dans le sein de cette immense Sorbonne dont la gloire était connue du monde entier, l'autorité si respectée et la science inépuisable. Le nouveau néophyte du savoir y devait faire sa licence. Il ne fut pas moins heureux dans sa nouvelle carrière, et tout le génie de la Sorbonne semblait avoir fait un pacte avec lui pour lui révéler toutes ses connaissances.

Mais il mérita ses brillants succès. Son travail, le jour, et ses longues veilles au milieu des nuits lui assuraient d'avance cette riche moisson qui venait couronner ses études. Ses merveilleux succès et ses précoces vertus lui méritèrent l'estime et l'amitié du célèbre Asseline, qui, né d'un palefrenier des écuries d'Orléans, était alors docteur en Sorbonne et professeur de langue hébraïque, et qui fut, depuis, évêque de Boulogne et confesseur de Louis XVIII.

Cet homme avait conçu pour son jeune ami les plus riantes espérances et l'entourait d'une affection paternelle. L'œil de son expérience avait entrevu la carrière éclatante que suivrait le sage François de Sausin, et son cœur avait éprouvé un de ces pressentiments indéfinissables qui lui fit croire que tant de rayonnantes vertus ne resteraient pas stériles. Aussi, dans un transport sublime et prophétique, il dit en montrant son jeune ami : « Un jour cette tête-là portera la mître. »

Et l'heureux Dauphinois se montra égal au noble vœu de son maître. Il marcha sur les traces de ces hommes qui ont honoré cette maison de génie, de morale et de piété. Dans les hautes et profondes salles de ce bâtiment, superbe encore de l'immortel Richelieu, son prodigue bienfaiteur, François de Sausin étudiait la Théologie, cette science pleine des mystères de Dieu. C'était au milieu d'une profonde méditation de ses dogmes sacrés qu'il se levait au son religieux de la cloche qui l'appelait du haut de son dôme superbe, et qu'il se rendait pour prier devant les autels, élevés par ce pieux aumônier de Saint-Louis, Robert de Sorbonne, qui les a dotés du nom de son humble village. C'est là que la face en terre et le front pâle d'un saint effroi, il sondait son cœur, seul avec son Dieu; qu'il tremblait devant le sacrifice qu'il méditait en silence, et qu'il s'abîmait dans les pensées du ciel.

François de Sausin se préparait à recevoir les ordres sacrés qui font les diacres et les prêtres. Depuis long-temps il n'appartenait plus au monde, mais il n'avait point encore fait les serments redoutables qui lient éternellement l'homme-vierge au service des autels du Dieu-vivant.

Bientôt le jour solennel arriva. François de Sausin, pareil à l'un de ces jeunes et majestueux lévites des temps antiques, jura pour jamais, en face de ses frères et de Dieu, le formidable serment de se vouer au culte du Seigneur, d'user ses jours pour le salut des hommes et de combattre jusqu'au dernier soupir pour la défense de l'église catholique, apostolique et romaine. Il tomba aussitôt sous le voile funèbre que la main de la religion étend sur le cercueil du chrétien, il faisait là son dernier adieu au monde, comme s'il fallait passer par la tombe pour y laisser la dépouille du premier homme, les passions, les erreurs et les souillures du siècle. Et comme au jour de la résurrection terrible, il se leva revêtu de la robe de l'antique orient et des majestueux ornements imités des superbes romains. Il avait reçu le redoutable pouvoir de lier et délier au ciel et sur la terre, et l'étrange mission de médiateur entre l'homme et son juge, de faire descendre Dieu sur les tabernacles de la terre, et de bénir les peuples en son nom.

La grande carrière du prêtre commençait.

CHAPITRE II.

SON PROFESSORAT A S.-SULPICE. — SA GROTTE. — SA NOMINATION AU VICARIAT DE LISIEUX. — SA DÉPUTATION AUX ÉTATS-GÉNÉRAUX.

CEPENDANT le jeune abbé de Sausin s'abandonnait à son noble penchant pour l'étude, et il avait acquis une juste réputation de savoir et d'éloquence. Alors il fut envoyé pour instruire dans la religieuse maison de Saint-Sulpice ; il enseigna les mathématiques et la philosophie.

C'est là qu'il expliquait les merveilles du génie d'Euclide et de Descartes, de Platon et de cet effrayant Blaise Pascal, dont a si éloquemment parlé Châteaubriand. Il s'enflammait aux sublimes conceptions de ces vastes intelligences et il ne pouvait se rassasier de leur science et de leurs pensées.

Pendant les heures fortunées de ces promenades joyeuses où les jeunes tribus de Saint-Sulpice allaient respirer l'air pur et léger des champs, la douce liberté de la nature et les innocents loisirs après les pénibles études, François de Sausin quittait ses égaux et se rendait seul dans une grotte solitaire du voisinage.

Là, dans l'ombre et le silence, il s'abandonnait à ses immenses travaux. La structure de sa grotte, ses angles interrompus, irréguliers; sa voûte de rocaille, le banc de rocher qui lui servait de siége, la mousse qui tapissait l'asile du solitaire de Saint-Sulpice, l'herbe humide qui s'inclinait à l'entrée sous la rosée du ciel;

la grappe de lierre ou de chèvrefeuille qui se laissait balancer au sommet de l'humble portique comme une arabesque végétale suspendue par la main du Créateur ; ce modeste et riant spectacle offrait sans doute un riche sujet de méditations au savant mathématicien comme au religieux philosophe. Jeune imprudent ! il ne savait pas qu'une fraîcheur funeste pénétrait ses membres et qu'un jour les cuisantes douleurs de la goutte lui feraient expier l'ivresse de ses rêves scientifiques.

Mais il s'y passait d'autres mystères qui n'avaient de témoins que Dieu et le silence ravi de la solitude. François de Sausin y pleurait et priait. Ses genoux accoutumés au pavé du temple ne craignaient point le rocher de la grotte, et pieux comme les antiques solitaires de la Thébaïde et du Liban, il se préparait sans le savoir, aux grandes destinées que lui réservaient les décrets éternels. Son espoir et son cœur s'élargissaient chaque jour, sans orage et sans envie, afin de suffire plus tard à tant de chocs ténébreux et à tant de douleurs étrangères.

Ainsi la main de Dieu travaille sans cesse, dans l'ombre et le silence, à la grande œuvre de l'ordre général du monde, car, dans ces temps lourds et ténébreux, l'haleine brûlante des philosophes impies avait répandu une immense contagion sur tout ce malheureux siècle et avait jeté des nuages épais dans tous les esprits de la foule crédule. Un travail universel se faisait sentir dans les entrailles de la société, et une crainte vague et lointaine prolongeait une froide et longue stupeur.

Le temps était proche. François de Sausin fut appelé bientôt à de plus hautes fonctions. D'autres honneurs devaient se joindre à ceux qu'il recevait dans l'étroite enceinte de Saint-Sulpice; il ne lui fallait plus instruire de jeunes disciples, mais enseigner des peuples; non plus développer les beautés et les secrets des sciences à de tendres intelligences prêtes à le croire, mais combattre les sophismes de l'impiété et convaincre des âmes fortes, prévenues, abusées, pleines de préjugés, chargées de crimes, révoltées contre Dieu et frappées de stérilité.

L'abbé de Sausin était nommé grand-vicaire de Lisieux.

A cette nouvelle il fut tenté de refuser ce titre glorieux et de continuer son cours d'enseignement et ses études dans son heureux séjour de Saint-Sulpice. Mais il craignit que ce profond amour des sciences ne se changeât en passion violente et qu'il fût injuste envers les hommes, en bornant à lui seul un zèle et des talents utiles à ses semblables. Il accepta donc son nouveau titre et partit pour le riche pays de Normandie.

Le prélat qui occupait alors le siège épiscopal de Lisieux était parent des illustres Sausins. Il reçut avec une douce joie le jeune abbé qu'il enviait depuis longues années au gouffre de la dévorante capitale. Une voix universelle s'éleva pour accueillir sa présence, et l'on fêta son apparition dans les vallées normandes. Dans cette large et belle contrée du gentil pays de France, la foi des adorateurs du Dieu-vivant s'ébranlait comme dans toutes les régions de la France. La fertile patrie des Roch Bailli, Tanneguy, Malherbe, Sarrazin, Duhamel, Daléchamps, Fournier, Giles André, de la Roque, Etienne Lemoine, Jean Renaud de Segrais, Daniel Huet, Pierre Varignon, Jean de Lancy et Pierre Alix, n'était plus composée que d'un peuple de sophistes aveuglés et de sanguinaires Tyrtées.

Mais à l'aspect du vertueux Sausin on apprit à respecter le chrétien, et à sa voix éloquente on fut touché et saisi d'admiration. Bientôt l'auguste prélat fit connaître à tout son vaste diocèse la haute estime et la paternelle affection dont il entourait son jeune vicaire. Il en était constamment accompagné dans ses visites pastorales, et les différentes cités du diocèse Léxovien purent admirer les vertus et les talents du fils des nobles Sausins. Caen retentit de ses paroles éloquentes;

l'antique et la fameuse basilique de Bayeux crut entendre à sa voix se réveiller les accents évangéliques de Saint-Exupère, son premier pontife. Le peuple du séduisant Isigny se pressa autour de sa chaire ; les humbles habitants de la riche vallée d'Auge se réjoussaient à la nouvelle de son passage, et la riante Falaise lui ouvrit avec bonheur son enceinte à la forme des longs navires. Les rives de la Vire semblaient tressaillir à son passage. Le magique pays de Bocage et les bords enchantés de l'Arbec et du Gassey ont gardé long-temps le souvenir de ses vertus et de son éloquence.

C'est là qu'à l'approche des tempêtes populaires il fallait élever des voix sublimes et tirer d'une poitrine profonde des paroles éloquentes et pleines de saintes et généreuses émotions. Déjà les bruits avant-coureurs de l'orage révolutionnaire couraient sur les vastes régions de la France. Quelques rares coups de la foudre avaient ébranlé les institutions religieuses et les grandes colonnes de l'édifice monarchique. L'immortelle maison des Jésuites avait été anéantie en France, et le Portugal, l'Espagne, Naples, Parme et autres puissants royaumes avaient imité leur inconstante voisine. Des révoltes avaient éclaté sur différents points de la grande patrie; Calonne s'était vu arracher le titre de ministre des rois, et les philosophes Athées prêchaient sur les toits. Le désordre des finances laissait le gouvernement français dans toute l'horreur de la détresse qui menace de ruine les plus vastes empires. Les écrivains citèrent à la barre de leur impie tribunal la royauté dont ils jugeaient les paroles et les actions; ils condamnaient le culte divin et blasphémaient le Dieu qui devait les briser sous la verge de sa vengeance. Les lois sacrées de la morale étaient foulées sous leurs pieds sacrilèges. La pensée universelle était démocratique. Un grand travail commençait à remuer la société toute entière. La magistrature ambitieuse, le clergé jaloux de ses priviléges, la noblesse disposée à l'insurrection, la sédition dans les armées, la plébe en proie à la misère, les riches amollis par la volupté, un gouvernement débile, une cour méprisée et les grands avilis, les premiers ordres atteints d'immoralité, le trésor royal épuisé, le crédit public entièrement ruiné, toute la nation anxieuse et mécontente; tels étaient les maux que François de Sausin pleurait dans ses douloureuses méditations. Il avait appris avec douleur la convocation des notables du royaume et la confusion de leur assemblée : elle était composée des membres les plus distingués du sacerdoce, de la noblesse, de la magistrature et des autorités des plus puissantes villes du royaume. Mais l'ambitieux archevêque de Toulouse avait bouleversé cet immense aréopage religieux et politique ; et sa dissolution fut décrétée au tribunal des rois.

Alors le jeune abbé de Sausin apprenait la révolte de la Bretagne, les séditions tramées au milieu de la grande ville des monarques ; le jugement terrible du maréchal de Byron traîné à la barre des tribunaux de sa patrie ; il avait à gémir sur le Dauphiné, son pays natal, aux mains avec une armée de frères qui allaient égorger leurs frères des rives ensanglantées de la Durance, de la Drôme et de l'Isère.

Bientôt il reçut du clergé de Lisieux la sublime et religieuse mission de le représenter à l'assemblée des états-généraux, que venait de convoquer ce Louis qui devait être le meilleur et le plus infortuné des rois. L'ardent serviteur de Dieu ne put refuser cette auguste ambassade; mais il entrevoyait les fléaux qui devaient écraser sa patrie. Il savait que la convocation des états généraux consommerait l'œuvre de la révolution naissante ; car ce n'étaient plus ces premiers âges de la monarchie où aucun membre du clergé, de la noblesse et du tiers état, ne pouvait entrer aux états généraux, s'il n'était ou grand bénéficier, ou propriétaire de efs, magistrat d'une grande ville ou notable d'une province. Et puis, jamais états généraux n'ont été utiles à la patrie; et, sous le malheureux Charles VI, ils ont ensanglanté la France.

Cependant François de Sausin partit pour la superbe ville royale de la Seine.

CHAPITRE III.

TABLEAU DES ÉTATS-GÉNÉRAUX.—DISPUTE ENTRE FRANÇOIS DE SAUSIN ET THÉMINES, ÉVÊQUE DE BLOIS.—VOYAGE DE THÉMINES A LISIEUX.—PROGRÈS DE LA RÉVOLUTION.

Arrivé de cette tumultueuse capitale du royaume, François de Sausin fut se joindre aux mille représentants de la nation. Mais ce n'était plus ce temps éloigné où le clergé possédait une immense vénération, où la noblesse régnait dans toute sa puissance, et où le tiers-état, sans force par lui-même, obéissait aveugle et confiant aux voix impérieuses des deux ordres supérieurs.

Le clergé n'était plus que la risée des peuples ; la noblesse tombée de son antique splendeur conservait un vain et ridicule souvenir de sa lointaine origine. Il existait encore plus de quatre vingt mille familles nobles ; leurs noms rappelaient des grands hommes, mais leurs fils dégénérés ne pouvaient soutenir leur gloire ; la foule des anciens nobles languissait dans l'indigence et il ne lui restait que la jalousie et la vieille haine des peuples. A cette terrible assemblée le haut clergé n'était presque point représenté. La plus grande partie des députés ecclésiastiques avait été choisie dans le bas clergé, presque tous sans noblesse, sans biens ni bénéfices. La noblesse était représentée par des hommes perfides ou imbéciles, et le tiers-état avait une double représentation. Ainsi, les hommes les plus dangereux en politique, des gens de loi du dernier ordre, des médecins, des artistes, des écrivains sans génie, des hommes sans biens et sans états, devaient représenter la nation française. Parmi les trois cents membres du clergé, deux cent-huit ne possédaient aucune dignité ecclésiastique. Parmi les six cents représentants des trois ordres, trois cent-soixante-quatorze étaient des hommes de loi.

Le cinq mai mil sept cent quatre-vingt-neuf, le malheureux Louis XVI ouvrit les états-généraux sans leur avoir fixé le nombre des représentants ni les points de discussion, ni la forme des délibérations. Cette immense assemblée se réunit et commença l'œuvre de ses orageuses séances.

Dans les rangs des plus fameux députés ecclésiastiques paraissait un glorieux prélat, cet inébranlable Thémines, évêque de Blois. Dans ces jours étranges qui se lèvent à peine tous les mille ans sur l'horizon des peuples, où les nations se régénèrent, où le sort des maîtres et des esclaves est jeté dans les effroyables bassins de la balance des révolutions humaines, dans ces jours-là, on voulut mesurer le trône des rois, peser leurs droits et courber leur sceptre devant les faisceaux populaires, et ce redoutable Thémines osait tracer de sa main la sentence qui dégradait les monarques. Mais un jeune homme de Dieu qui ne s'appuyait point sur le bâton d'or des pontifes, éleva la voix au milieu de la profonde enceinte où s'agitaient tant de passions diverses; c'était François de Sausin. Il frémit d'indignation et jura de s'opposer aux décrets arbitraires et barbares du prélat de Blois. De longs débats s'animèrent, et Thémines s'étonna qu'un jeune vicaire osât lutter contre ses volontés impérieuses. Les deux éloquents orateurs épuisèrent les fécondes ressources de la parole et de l'esprit humains. Mais le pieux Dauphinois trouva dans son cœur la victorieuse persuasion des convictions et de la probité. L'éloquence des vertus et des riches talents triompha de l'inflexible pontife qui ne put résister à la force de la vérité.

C'est au sujet de cet étonnant prodige que M. Morisset a dit en face du cercueil vénéré du vainqueur : « M. de Thémines n'a jamais plié que deux fois dans sa vie : l'une à la voix du jeune abbé de Sausin et l'autre sous les coups de la mort.

Et le glorieux Dauphinois reprit la route de Lisieux.

Bientôt l'y suivit son impérieux adversaire ; mais la vengeance ne hâtait point sa marche : Thémines avait besoin de rendre un immortel témoignage au vertueux Sausin. Il quittait sa maison épiscopale des rives de la Loire et s'en allait, plein d'admiration, trouver son jeune vainqueur au sein même de Lisieux.

Il voulait revoir le religieux athlète des états généraux et recueillir de sa bouche les plus merveilleux discours ; s'entretenir avec lui des maux qui désolaient la France et sans doute le remercier de ses pieux et sages conseils. Mais il apprit avec douleur, en entrant à Lisieux, que l'abbé de Sausin parcourait alors les villes de ce large diocèse et répandait, au milieu des peuples, les paroles de paix et de vertus qu'il chérissait lui-même. Et le prélat Blaisois s'en retourna le regret dans le cœur.

Au bruit que la renommée avait répandu pour louer la piété, la sagesse et les vertus du noble Dauphinois, se joignit la nouvelle du voyage fameux de Thémines. Les peuples redoublèrent d'admiration et de respect pour lui : dans les villes, on sortait aux portes quand il traversait les rues. Les haines s'oubliaient à sa présence : Deux femmes qu'égarait l'excès d'une violente rixe, se turent à son approche, et, saisies d'un profond respect, elles se rangèrent à son passage : la paix était entrée dans leur âme à la vue de l'homme de Dieu qui la promettait sans cesse à ses frères.

Heureux les peuples, s'ils eussent tous écouté les paroles d'hommes semblables à lui : ils n'auraient pas été la proie des dissensions civiles qui devaient déchirer les entrailles de la patrie!

Les députés du sacerdoce, de la noblesse et du peuple avaient quitté Versailles, s'étaient rendus à Paris et nommés Assemblée Nationale. Dans cette crise effroyable, l'infortuné Louis XVI vit son trône menacer ruine; il courut lui-même à la tribune de l'Assemblée Nationale, se mit, sans réserves, entre les mains des insensés et des monstres qui avaient juré sa perte.

Le quatorze juillet 1789 éclata l'orage sanglant de la révolution française. Les arsenaux envahis, les barrières emportées d'assaut et livrées aux flammes dévorantes de l'incendie, la distribution de plus de quatre-cent mille fusils, la bastille renversée, la noblesse abolie, les droits féodaux anéantis, les couvents détruits, toutes les provinces agitées par les secousses de l'anarchie, furent les premiers attentats de la révolution. Tous les bruits les plus sinistres se croisaient sur la France, et l'abbé de Sausin-

frissonnait d'horreur aux mille récits de tant de maux divers.

Le tonnant Mirabeau faisait mugir ses paroles sur les populations de la Seine, et la montagne hurlait d'épouvante et se tordait de fureur sous les triomphes de sa monstrueuse éloquence.

Le grand vaisseau de l'état voguait au hasard sur la mer ténébreuse de la révolution.

CHAPITRE IV.

FÊTE DE LA RÉVOLUTION. — ÉMIGRATION GÉNÉRALE. — SAUSIN S'EXPATRIE. — SON SÉJOUR EN HOLLANDE. — IL PASSE EN ALLEMAGNE. — SES MALADIES A MUNSTER. — SON INTIMITÉ AVEC STOLBERG.

La tourmente augmentait sans cesse ; on avait fêté le jour de la fédération dans le Cirque du Champ-de-Mars, au milieu de l'appareil militaire et des pompes de la religion Le Prince de Taleyrand, évêque d'Autun, y avait célébré la messe sur l'autel de la patrie. On faisait jurer d'abominables serments aux prêtres apostats; on égorgeait les martyrs qui s'y refusaient; les tintements lugubres du tocsin sur la cloche d'alarmes et les roulements des tambours, les mugissements des canons, mêlés aux clameurs des populations béantes, épouvantées, avides de sang, torrenteuses et frissonnantes, annonçaient que la mort et l'enfer avaient commencé leur règne.

Les temples fermés et pillés, les autels profanés, les honnêtes citoyens jetés dans les cachots et immolés sur les guillotines, l'infortuné Louis XVI, captif dans la hideuse tour du temple, étaient l'œuvre des monstres qui fêtaient les beaux jours de la révolution. La noblesse en proie à la rage de ses assassins désertait ses châteaux impuissants. Epoux, femmes, enfants, vieillards, allaient demander un asile aux rives de la terre étrangère. Jusque-là Sausin avait résisté à la tempête; il avait lutté contre les tyrans de la province, soutenu le courage des victimes, ranimé la vertu, consolé l'infortune; mais sa tête fut mise à prix; la trahison poursuivait sa charité; il était réduit à gémir, à cacher sa personne à la vue d'un peuple ingrat, à garder l'ombre et le silence. Il voyait les périls augmenter et il crut plus nécessaire et plus juste de soustraire ses jours à la rage des tyrans, afin de les conserver pour d'autres temps, d'autres lieux et d'autres hommes. Il se peignit le sage vieillard Tobie qui avait suivi ses frères dans la captivité: « Dieu peut-il exiger, se « dit-il, que je demeure au milieu de cette « France qu'ont abandonnée les membres de « la plus haute magistrature, les plus grands « du royaume, le comte d'Artois, le prince « de Condé, les ducs de Bourbon et d'Enghien. « Tout effort est inutile: rien ne peut arrêter « le torrent, mais il faut du zèle et des conso- « lations sur toutes les routes de la France. « inondées d'hommes, de femmes, d'enfants,

« qui s'enfuient; la monarchie s'écroule, et
« nous périrons sous ses ruines, abandonnons
« une patrie qui ne peut plus être qu'un tom-
« beau pour nous. Les enfants deviennent les
« accusateurs de leurs pères; les femmes qui
« ont trahi leurs époux volent dans les bras
« d'autres maris. Les frères s'égorgent; l'ami
« boit le sang de son ami et le serviteur se
« baigne dans celui de ses maîtres. Fuyons une
« patrie que le ciel a maudite. »

Et Sausin suivit le torrent de ces millions d'hommes qui marchaient vers l'exil, pêle-mêle, pleurant, muets, frissonnant, pâles et découragés. Il se rendit sous le ciel brumeux de la Hollande et demanda la terre, l'eau et le feu aux fils des antiques Bataves. Là, il trouva quelques membres de sa famille, mais ils ne professaient point la foi du zélé vicaire de Lisieux. Ils ne pouvaient implorer ensemble le même Dieu, et les douleurs des maux de la patrie se mêlaient dans son cœur à celles que lui causait l'hérésie de sa famille.

Quelques années s'écoulèrent longues et pénibles durant lesquelles d'horribles maladies accablèrent l'abbé de Sausin. Dans ses heures de calme, la religion et les lettres consolaient son cœur et soutenaient son courage. Les écrits d'Erasme, de Hans de Touède, de Mérula, de Junius lui faisaient admirer les génies de la Hollande. Douza, Heinsius, Vossius, Huyg, ns, Lewenh, Oek, lui faisaient tour-à-tour oublier les lamentables récits qui venaient de la patrie et le spectacle désolant de la terre étrangère. Car, au sein de la Hollande, les vertus domestiques étaient encore pratiquées, mais l'esprit public n'existait plus. Le gouvernement était corrompu et le peuple se ressouvenait à peine de sa grandeur passée.

Les sources de la puissance et de la prospérité étaient taries; la Hollande penchait vers sa ruine, si une main de fer ne l'eut pas relevée de sa décadence. Mais il fallait auparavant que la tête de Louis tombât sous la guillotine aux roulements féroces des tambours de la patrie; que la guerre étrangère se joignit à la guerre civile ; que la France la déclarât à la fois à l'Angleterre, à la Hollande , à l'Espagne, et que Lyon, Toulon et la Vendée fussent noyées dans le sang; que Bonaparte s'élevât sur les cadavres de Robespierre, Marat, Danton, Legendre , Collot-d'Herbois, St-Just , Hébert et Couthon. Ce triomphe de la France sur les monstres qui la déchiraient fut le commencement de son empire sur l'univers. La Hollande se vit attaquée par ses nouveaux soldats, car ses généraux s'étaient partagés le monde à conquérir : Quatorze armées se rangent sur les frontières et neuf généraux s'élancent à leur tête. Bonaparte vole du Capitole au Thabor; Masséna, Augereau, Laharpe et Serrurier se partagent le midi ; Moreau, Jourdan, Kléber et l'intrépide Pécheux se ruent sur l'Allemagne et la Hollande. La patrie envoyait encore à tous les rendez-vous les héros de la nouvelle ère, Eugène, Mortier, Lamarque, Marceau, Berthier, Junot, Dauménil, Lassalle, Hoche, Desaix, Lefèvre, Ney, Lannes, Foy, Brune et Cambronne, et ces vingt-cinq généraux-conquérants ne manquaient jamais que de champs de batailles. Les rois des trois parties du monde commencèrent à frissonner sur leurs trônes. A cette effroyable irruption la faible Hollande tomba sous le glaive des conquérants, et c'est alors que l'abbé de Sausin quitta ces contrées et s'enfuit jusqu'à Munster, au fond de la Westphalie.

Là se renouvelèrent, comme en Hollande, les douloureuses maladies qui avaient frappé le vertueux Dauphinois. Mais, dans ses jours de convalescence, il s'occupait de médecine, afin de se recréer dans les paisibles travaux d'une science utile aux hommes. Sa piété qui le conduisait souvent aux pieds des autels, la noblesse de ses aïeux, le firent considérer dans un pays où les titres seuls assurent les respects, et ses talents unis aux vertus le firent admirer des sages et aimer des hommes de bien. Il fut admis dans les plus hautes sociétés de Munster; il se lia de la plus étroite amitié avec l'immortel Stolberg, si connu par ses œuvres savantes. Ce grand homme avait apprécié le mérite de l'abbé de Sausin, et, dans la composition de l'un de ses ouvrages fameux, il pria son ami de France de lui tracer quelques notes; c'était peut-être aussi une ruse innocente de l'amitié. Sausin s'empressa de le satisfaire. Ces notes parurent si bien écrites aux yeux du littérateur Allemand, que Stolberg les jugea dignes d'être insérées dans son ouvrage, sans aucun changement.

CHAPITRE V.

MANUSCRIT DE L'ABBÉ DE SAUSIN. — CHUTE DE NAPOLÉON. — LOUIS XVIII DE RETOUR EN FRANCE.—EXAMEN DE LA VALIDITÉ DU CONCORDAT PAR M. DE SAUSIN. — SON RETOUR EN DAUPHINÉ. — IL EST NOMMÉ GRAND VICAIRE DE VALENCE. — SON AVÉNEMENT A L'ÉPISCOPAT.

C'est sans doute pendant son séjour à Munster qu'il écrivit lui-même un savant manuscrit de la dissertation du livre de Pentateuque. Il est fâcheux que cet ouvrage n'ait pas été mis au jour ; mais il existe. Un vénérable vieillard qui a blanchi dans le sublime exercice du sacerdoce et s'est contenté du titre de chanoine, de vicaire général de la cathédrale de Blois et d'archidiacre de Romorantin, a lu ce précieux manuscrit et le déclare une œuvre de haute conception. Dans sa vieillesse, le prélat Sausin le lui avait confié pour le lire, et l'éloquent chanoine lui exprima son regret de ne le pas voir imprimé, et il conjura son illustre évêque de le mettre au jour.

Sans doute les malheurs de son siècle avaient été la cause de cette création savante et littéraire, et c'est dans ces profondes méditations qu'il sondait son cœur, puisait son courage, animait sa foi, raisonnait son espérance, et fondait peut-être quelque bienfaisant projet que les temps lui auront fait abandonner. Car, à cette époque de sa vie, que n'imaginait-on point dans le fantôme de l'avenir ! Alors les couronnes tombaient, les empires changeaient de place comme de maîtres ; Napoléon taillait des royaumes à ses frères et à ses généraux ; les monarques d'Espagne étaient captifs à Valençay comme Don Carlos l'est aujourd'hui à Bourges, dans la même contrée. Etrange rapprochement de lieux et de destinées! Pie VII gisait alors dans les cachots de la ville impériale de la Seine. Le bruit de ces étonnantes catastrophes allait retentissant sous l'un et l'autre pôle du monde. Et Sausin déplorait dans le silence de l'exil ces profondes plaies des nations. Il en gémissait devant les autels du Dieu qui laisse les empires et les rois tomber dans les régions de la mort et dans la désolation de Babylone et des gigantesques tombeaux des Pharaons.

Mais la quinzième année du nouveau siècle fut pleine d'incroyables événements. La victoire de Fleurus, à genoux au pied du Mont St-Jean, s'était fait un linceul des drapeaux déchirés à Waterloo. Napoléon s'était entouré de l'Océan pour protéger son veuvage militaire et pour y pleurer dans les solitudes épouvantées de Ste-Hélène. Le royal exilé de France s'était assis pour la seconde fois sur le trône qui avait ployé sous le poids de celui qui s'était chargé des destinées de tous les empires de l'Europe.

Le dix juillet Louis XVIII régnait dans Paris. Un souffle ami du ciel faisait flotter le drapeau blanc au milieu des lys; les exilés accouraient de tous les points du monde et les salves redoublées des canons allaient leur annoncer au loin la joie des frères qui les attendaient et les fêtes de la patrie qui revoyait ses enfants. Mais un de ces fils prolongeait les jours de son exil sur les rives de l'Aa; c'était l'abbé de Sausin. Il savait que le souverain pontife des chrétiens avait fait un concordat mémorable avec le conquérant qui rétablissait la religion en France, réorganisait les hiérarchies ecclésiastiques, et nommait des évêques aux sièges vides de leurs prélats exilés ou morts.

Mais l'abbé de Sausin craignait que la liberté

du Pontife romain n'eut pas été entière et que la nécessité l'eut contraint de signer de son nom et sceller du sceau de Pierre un concordat fait sous la verge de fer qui brisait les puissances de l'Europe. Mais quand il vit le monarque légitime et religieux de la royale maison des Bourbons, maintenir cet immortel concordat; quand il vit Pie VII, libre à Rome, puissant comme autrefois, délivré des terreurs du vagabond ravageur du monde, continuant ses soins et ses bénédictions au concordat, il crut à la justice et à l'autorité de cette immortelle alliance faite au nom de Napoléon entre la France et Dieu. Alors il quitta le sol Westphalien et revint habiter le patrimoine de ses pères.

Sous le beau ciel du Dauphiné, dans les délices de la campagne, François de Sausin se reposait des douleurs et du pélerinage de l'exil. Quelques années s'écoulèrent paisibles et bien-aimées. Mais la vertu ne peut pas toujours s'ensevelir dans le silence et l'oubli, et Dieu, qui ouvre les voies de l'avenir, ne laisse pas le juste s'isoler du monde, quand il le sait utile à ses desseins éternels. Sausin fut nommé vicaire de Valence. A cette nouvelle son cœur fut troublé, et l'amour de la retraite lui fit refuser ce nouvel honneur Cependant on insista plus vivement, et il fut obligé d'accepter comme titre honorifique.

Il habita Valence comme il avait fait à Lisieux, à Orange, à Munster. Ses fonctions de grand vicaire le firent admirer des nouveaux peuples de ces contrées. Die se réjouissait de ses paroles éloquentes au bord de la Drôme; Montélimart s'ouvrait avec allégresse au milieu de sa vaste plaine pour le recevoir, et Nyons s'étonnait de ses vertus après les orages révolutionnaires.

Alors il s'élevait une grande pensée qui se fondait sur l'abbé de Sausin : — Frayssinous le destinait au pontificat. Cet homme fameux révéla son projet à son roi, et Louis d'Artois-

Bourbon le félicita de ses heureux desseins.

Ils nommèrent François de Sausin évêque de Blois, et le pape ratifia leur choix de sa sanction apostolique. Frayssinous demanda le consentement de l'abbé de Sausin, mais le généreux vicaire ne manqua pas de refuser, et l'on s'y attendait bien. Le monarque lui-même renouvela les prières auprès de l'abbé, sans pouvoir obtenir ce consentement désiré. Alors le pape lui-même exhorta Sausin à se rendre aux vœux de son roi et de son Dieu qui l'appelaient à gouverner le peuple catholique de l'une des plus belles contrées de la France. Ces douces sollicitations ne purent engager le vicaire de Valence à changer son modeste titre pour la crosse des évêques. Aussitôt le chef suprême de l'église de Dieu sur la terre usa de son autorité puissante, et un bref scellé du sceau de Pierre qui tient en ses mains les clefs du ciel, fut trouver l'abbé de Sausin jusqu'au sein même d'Orange où il habitait.

A la voix du pontife Romain qui commandait, le prêtre obéit, et Sausin n'eut plus qu'à demander à son Dieu la force de soutenir le poids de ses nouvelles grandeurs. L'année mil-huit-cent vingt-trois vit Sausin se rendre à Paris, afin de se préparer au sacre des évêques. Il s'effrayait à la seule idée qu'il se formait des nombreux devoirs des prélats, et se croyait incapable de suffire à tant de sollicitudes. Il se défiait de ses forces et il craignait pour ses vertus. La méditation, le jeûne et la prière étaient sa seule occupation dans l'attente du redoutable jour.

Cependant il arriva, et le vingt juillet Sausin reçut l'onction sainte des évêques au milieu des pompes et des peuples qui ont coutume d'embellir le mystère sublime de ces religieuses consécrations. Alors il s'offrit tout entier pour le salut des hommes qui allaient être confiés à ses soins. Il n'avait plus qu'un cri d'étonnement pour se plaindre de cette pieuse violence qu'on lui avait faite ; et puis il se résignait à la volonté suprême qui gouverne les événements d'ici-bas.

C'est ainsi que Dieu fait servir toutes les vicissitudes humaines, soit particulières ou générales, aux projets qu'il a conçus dans l'éternité de sa pensée, et que ses mille desseins ont mille effets divers qui doivent concourir tous à un seul et même but. Et les douleurs de la révolution, le pélerinage de l'exil, les souffrances du corps et le martyre plus effrayant du cœur, comme les différents degrés de la sainte hiérarchie ecclésiastique, dont François de Sausin avait fait le dur apprentissage, l'avaient formé d'avance aux fonctions pénibles de l'épiscopat.

CHAPITRE VI.

SON PREMIER MANDEMENT. — SON ARRIVÉE À BLOIS.—INSTITUTION D'UN GRAND SÉMINAIRE. —SES PRÊTRES AUXILIAIRES. — SES VISITES PASTORALES. — L'ÉCHELLE DU PRESBYTÈRE.

—

Le nouvel évêque se préparait à commencer l'exercice de ses fonctions pastorales, et méditait son premier acte au sein du fameux séminaire des missions étrangères. C'est de là qu'il envoya, le dix-sept août mil huit cent vingt trois, son mandement scellé de son sceau, et adressé au peuple de son beau diocèse.

« Nous ne nous attendions, disait-il, qu'à « terminer, suivant nos désirs, dans le silence « de la retraite et dans l'humble pratique des « bonnes œuvres, les restes d'une vie qui ap- « proche de sa fin, lorsque nous nous sommes « vu tout à coup appelé aux fonctions si subli- « mes et si redoutables de l'épiscopat. Il nous « serait difficile de vous peindre le trouble et « la frayeur dont nous fumes saisi à la nouvelle « d'un choix que rien en nous ne pouvait nous « faire pressentir. Profondément pénétré de « notre indignité et craignant qu'une santé « faible et délabrée ne permît pas à notre zèle « de remplir dans toute leur étendue les obli- « gations si multipliées d'un évêque, nous ne « pumes douter un instant que l'illustre et di- « gne organe des vues religieuses de sa Majes- « té n'eut été induit en erreur par des témoi- « gnages trop favorables sur notre compte. Nous « nous empressâmes donc de lui exposer avec « simplicité combien peu nous méritions d'être

« élevé à un rang qui exige tant de vertus et « de talents. Et comme nous savions qu'il était « guidé par les intentions les plus pures et qu'il « n'avait d'autres désirs que celui de contribuer « à la plus grande gloire de Dieu et au bien de « l'église de France, nous conçumes l'espoir « qu'il renoncerait à nous charger d'un far- « deau si fort au-dessus de nos forces, et qu'il « dirigerait le choix du roi sur un sujet plus « digne et plus capable de concourir au réta- « blissement de la religion dans ses états.

« En réfléchissant dans le silence du sanc- « tuaire et au pied de la croix, sur le courage « inébranlable de tant de vénérables pasteurs, « qui, plus chargés que nous, les uns d'années, « les autres d'infirmités, ne cessent pas néan- « moins de se livrer tout entiers aux fonctions « les plus pénibles du ministère apostolique, « il nous a semblé entendre dans le secret de « notre cœur une voix qui nous disait : *Tu non poteris quod isti*, et alors nous avons espéré

« que le Dieu de miséricorde qui choisit quand
« il lui plaît les instruments les plus faibles et
« les plus méprisables, et ce qui n'est rien,
« pour détruire ce qu'il y a de plus grand, au-
« rait égard à notre soumission, suppléerait à
« notre faiblesse, proportionnerait nos forces
« à nos nouveaux devoirs, nous remplirait de son
« esprit, mettrait sur nos lèvres des paroles de
« vie, et serait lui-même notre lumière et no-
« tre guide, pour nous conduire dans la voie
« de ses commandements.

« Nous nous présentons donc à vous aujour-
« d'hui, ne mettant point notre confiance en
« nous-même, mais en ce Dieu tout-puissant
« qui ranime les morts et qui appelle ce qui
« n'est pas, comme ce qui est. Nous venons
« nous donner à vous, sans réserve, et, comme
« votre pasteur et votre père, consacrer ce qui
« nous reste de forces, pour le salut de vos âmes.

« Oui, du moment où nous avons courbé la
« tête en tremblant sous la main du pontife qui

« nous a imprimé le caractère sacré de l'épis-
« copat, nous avons senti que nous n'étions
« plus à nous, mais que nous vous devions tout
« ce que nous sommes ; et dès lors le dévoue-
« ment est devenu un besoin de notre cœur,
« autant qu'un devoir de conscience. »

Alors cet auguste vieillard de soixante-sept ans partit pour la ville de Blois où l'attendait son peuple de Loir-et-Cher. Mais si l'enthousiasme fut grand à son arrivée, il y eut cependant bien des cœurs froids qui ne volèrent point à sa rencontre. Les uns étaient restés fidèles à Thémines dont ils nourrissaient l'orgueil, chérissaient l'erreur et plaignaient le dur exil; d'autres demeuraient insensibles et dédaigneux parce qu'ils avaient été révoltés des infâmes turpitudes de Grégoire. Cette pensée affligea le cœur du nouveau prélat Sausin; alors il s'empressa de réchauffer et changer les uns et les autres par ses discours, ses manières, ses talents et ses vertus. Sa vue seule commença l'heureux miracle : Sa piété, ses vertus et sa majesté pontificale, sous la mître et le pallium sacré des évêques, inspiraient le respect et le recueillement aux fidèles, en face des cérémonies du sublime sacrifice des autels, accompli sous les yeux de Louis, le plus saint des monarques français, et que le pinceau fidèle du peintre a représenté au pied de son chêne fameux, tel qu'il y rendait autrefois la justice à ses sujets.

Ses premiers soins furent de se fonder un grand séminaire dans une maison qu'il paya de son or, et il en établit une autre de prêtres auxiliaires pour voler aux besoins les plus pressés. Un petit nombre de paroisses possédaient des curés et il était impossible d'en fournir les autres. Ce bataillon sacré de zélés apôtres se croisait d'un point à l'autre du diocèse et consolait tour-à-tour les églises champêtres de la muette désolation où les avait laissées la crise révolutionnaire. Mais l'humble évêque se contentait d'habiter une simple maison, près sa cathédrale, et là, il attendait des temps et de Dieu que la puissance humaine songeât à donner au chef de l'église de Blois un palais digne de sa grandeur. Mais il aimait cette noble simplicité.

Il ne quittait son étroite maison que pour passer à l'autel et pour visiter son diocèse. Il ne manquait jamais d'aller, aussi souvent qu'il lui était possible, ranimer par sa présence le zèle et l'amour des vertus, par les villes et villages de Loir-et-Cher.

Dans ses visites pastorales, il imita constamment et peut-être égala l'immortel François de Sales, évêque et prince de Genève. Il eut pour constante habitude de descendre chez les prêtres et dans les châteaux tour-à-tour. Il n'eut jamais qu'une mauvaise voiture et des chevaux de louage : « J'aime mieux, disait-il, « nourrir cent pauvres de plus au fond de leurs « greniers, qu'engraisser deux chevaux dans « mes écuries. »

Il défendait au postillon de rester au presbytère et l'envoyait à l'auberge. L'asile le plus chétif où logeait l'humble prêtre des champs était pour lui le séjour préférable aux palais. Dans un presbytère qui n'avait de chambre qu'au premier étage, où l'on montait par une échelle, il fut enchanté de trouver cette occasion de marquer sa préférence pour ces maisons nues et pauvres. Il y voulut dîner avec ses vicaires et le prêtre qui l'habitait; il mangea du meilleur appétit et manifesta, pendant tout le repas, une gaîté plus grande que de coutume.

Quand il se rencontrait dans ces misérables presbytères et qu'on s'excusait de cette pauvreté pour le recevoir commodément, il répondait avec une noble joie : « Comment! je ne « passerais pas une nuit dans ce réduit solitaire « où un prêtre vit bien pendant toute une « année. »

C'est ainsi qu'il savait consoler ses prêtres de leur abandon, et ces humbles ministres des autels sentaient leur cœur se ranimer à la voix de leur pieux évêque et ils se résignaient en silence à ensevelir leurs jours dans ces tristes asiles du sacerdoce champêtre.

Si François de Sausin descendait dans les châteaux, il le faisait pour accomplir son auguste mission. Dans ces temps malheureux que tant d'opinions diverses et de partis opposés divisent les citoyens de tout rang et de tout âge, il franchissait également le seuil du républicain et celui du Bonapartiste, comme celui du légitimiste ou celui des amis du monarque expérimenté qui gouverne aujourd'hui les destinées de la France. Par ses discours et ses manières, par la sagesse de ses conseils et la douceur de ses entretiens, il savait au nom de son Dieu et avec l'autorité de la vertu concilier doucement les opinions, et s'il ne convertissait pas l'homme politique, il rapprochait des vertus et de la religion le cœur d'un chrétien fatigué de ses passions. Combien ont dit à son départ : « Je m'étonne de penser comme lui. »

CHAPITRE VII.

SA MALADIE. — SA LETTRE A CE SUJET. — ON LUI PROPOSE L'ARCHEVÊCHÉ D'AVIGNON. — IL REFUSE LA CROIX DE L'ORDRE DE LA LÉGION D'HONNEUR. — SON ATTENTION A RÉCITER SON BRÉVIAIRE.

Mais le temps des douleurs corporelles arriva. Une longue et dure maladie le fit descendre jusqu'à la porte du tombeau. Bientôt les cloches tintèrent l'heure de l'effroi; tous les peuples coururent en foule prier dans les temples du Dieu vivant; ils demandèrent au ciel de nouveaux jours de vie pour le vieillard qui était menacé des coups de la mort. Le deuil et l'alarme envahirent les villes et les campagnes, mais le roi des épouvantements entendit la voix du Seigneur qui lui ordonnait d'abandonner sa victime, et l'ange de la mort retira son bras dans l'empire de l'éternité.

A la nouvelle de la merveilleuse guérison de leur généreux pasteur, les fidèles de Loir-et-Cher se livrèrent aux plus doux transports de joie au milieu d'une auguste et nombreuse assemblée de chanoines qui l'allaient féliciter de son heureuse convalescence. L'un d'eux qui relevait aussi de son lit de douleur, lui dit gaiement : « Monseigneur, quand je vous vis à la veille de votre départ, je m'empressai de faire aussi mes malles ; mais puisque vous restez, je demeure aussi. »

Mais le juste ne craint point la mort ; il en voit les approches avec une noble résignation, et voici comment, dans une de ses lettres aux zélés prêtres de son diocèse, François de Saussin parlait de ses atteintes : « Une maladie dont « la gravité semblait nous avertir que le mo- « ment était venu de rendre compte au souve- « rain pasteur de l'administration imposée à « notre insuffisance, nous avait fait perdre « l'espoir de vous réunir nous-même, cette « année, dans les exercices de la retraite. « Mais nous pouvons croire maintenant qu'il « a plu au Dieu qui *conduit jusqu'aux portes* « *de la mort, et qui en rappelle à son gré*, de « nous accorder cette consolation, l'une des « plus douces de notre charge pastorale.

« Sans oser nous comparer au premier apô- « tre de ces contrées, comme lui cependant « nous avons dit au Seigneur : « *Nous ne refu-* « *sons pas le travail.* »

C'est à la suite de cette heureuse convalescence qu'on lui proposa l'archevêché d'Avignon, maisil refusa ce nouveau témoignage d'estime qu'on lui offrait du fond des vallées de Vaucluse. Cette réponse affligea le chapitre de cette église fameuse. Cependant il ne laissa point tomber son courage dans le désespoir ; il forma une ambassade des premiers vicaires de ce large diocèse qui devaient obtenir ce précieux consentement.

L'auguste députation se rendit à Blois et fut renouveler sa demande au vénérable prélat. Pendant ce voyage des vicaires de Vaucluse, le peuple d'Avignon se livrait aux plus doux transports de joie ; les rues étaient illuminées et la plus brillante des fêtes embellissait la cité où l'on vit autrefois les souverains pontifes transporter leur siège de Rome. Les réjouissances publiques semblaient présager un heureux voyage pour leurs fidèles ambassadeurs. Mais le prélat Blaisois ne voulait point d'honneurs ; il répondit aux envoyés de leurs frères d'Avignon : « Comment pourrais-je abandonner maintenant un peuple qui a fait monter au ciel de si généreuses prières pour moi, lorsque dernièrement il semblait que Dieu voulût m'enlever à son amour. Le ciel l'a exaucé ; il a bien voulu me laisser au milieu de lui ; je ne braverai les desseins de mon Dieu. Retournez-vous en dans votre ville, et dites à ceux qui vous ont envoyés : Dieu ne le veut pas.»

Et la vicariale ambassade s'en retourna pleine de regret et d'admiration. Blois qui était dans la consternation releva la tête, et le peuple de la Loire rendit ses bénédictions au digne pasteur de ses bords. Voilà le plus bel éloge qu'on put faire de ses vertus et de ses nobles qualités.

C'est en vain qu'aux jours ridiculement fameux de la révolution dernière, le monarque de la nouvelle ère politique lui envoya la rayonnante croix de la légion d'honneur, que les impies et les athées sont si glorieux de voir attacher à leur poitrine. Les ordres fameux de l'Aigle Blanc, de l'Echarpe, de la Colombe, de la Cosse de Genet, de la Couronne, du

Croissant, du Dragon, de l'Eléphant, de l'Eperon d'Or, de l'Etoile, de la Fidélité, de la Jarretière, du Lion, du Lys, du Porteglaive et de la Toison d'Or ont jamais été si enviés ni plus glorieux que l'Ordre royal de la légion d'honneur; cependant François de Sausin mit cette croix en face de la sienne, et il répondit: « Il me suffit de ma croix d'évêque! »

Il préférait sa gloire à toute autre, et cette gloire consistait à bien remplir ses devoirs apostoliques. Il donnait ses plus tendres soins à son diocèse. Jamais il ne se couchait avant minuit, et ne se levait après six heures du matin. Tout son temps était sagement partagé. Ses prières du matin se faisaient régulièrement à la même heure, et rien n'était capable de les lui faire oublier, remettre ou interrompre. Une seule fois les directeurs du grand séminaire se firent annoncer et demandèrent audience à l'instant même pour un cas irrémissible et extraordinaire. Le digne prélat répondit que les hommes devaient attendre que Dieu fût servi. Il ne lui arriva jamais, pendant ses visites pastorales ni tout autre voyage, de faire ce que se permettent les plus dignes évêques : il ne partit jamais sans avoir fait ses prières à l'heure et avec la durée ordinaires pour les réciter en chemin.

Pendant ses lectures et ses méditations comme durant tous ses exercices de chrétien et d'évêque, on ne remarqua jamais une distraction corporelle. Il se montra digne de ce livre sacré qui renferme les prodiges de la Genèse, les merveilles de l'Exode, les touchantes histoires de Tobie et de Ruth, les douleurs ineffables de Job, les hymnes brûlants de David, les soupirs divins du cantique des cantiques de Salomon, les pleurs sublimes de Jérémie, les visions d'Ezéchiel et l'œuvre incompréhensible de Jean qui parlait le Verbe de Dieu. Ce livre étonnant c'est le bréviaire que le prêtre lit tous les jours. Le vénérable Sausin en récitait chaque verset avec la même attention sans lenteur ni rapidité. Jamais un seul mot n'était lu plus vîte que l'autre. Ce pieux évêque y voyait dans chaque verset un mystère de Dieu, une vérité pour les hommes, car il n'y a pas une ligne qui ne s'adresse à quelqu'un, et chaque douleur et chaque besoin comme chaque position de la vie y trouvent la consolation, le remède et le conseil bienfaisant qui les concernent.

CHAPITRE VIII.

M. DE SAUSIN A L'AUTEL. —MOT REMARQUABLE D'UN JEUNE HOMME A CE SUJET. — LE PEUPLE DU PERCHE LE SUIT PENDANT TROIS JOURS. — GUÉRISON MERVEILLEUSE D'UNE JEUNE MALADE. — L'AVOEU FORCÉ D'UN IMPIE. — UNE DAME DE PARIS. — LE SALON DU PRÉLAT. — SES VISITES DE VILLE.

—

JUSQU'AUX derniers jours de sa longue vieillesse, le prélat mit la même attention à réciter les sublimes prières du sacrifice des autels. Jamais il n'employa moins de l'espace de trois quarts d'heure à remplir tous les actes solennels de l'offrande ineffable qui se fait dans l'opération invisible des saints mystères. Aussi dans un de ces moments de piété qui saisissent le cœur de l'homme à la vue du mystère d'un Dieu descendu sur la terre à la voix d'un auguste vieillard, un jeune homme du monde qui voyait officier le vénérable évêque de Blois, s'écria : « Cet homme n'a pas l'habitude de dire la messe. »

Ce jeune homme se fit prêtre, et il est aujourd'hui un fils du sacerdoce digne de son auguste caractère.

C'est cette touchante piété qui attirait à ce prélat admirable la vénération des peuples. L'idée qu'on se formait de sa sainteté était si profonde que deux femmes qui le voyaient passer près d'elles, disaient dans leur naïve admiration : « Voilà le modèle des évêques. » Ce même sentiment envahit les cœurs au fond du Perche. Au milieu de l'une de ses visites pastorales ce peuple le suivit pendant trois jours en répétant : « Nous n'avons pas encore vu de saints, et c'est peut-être la dernière fois qu'il visite nos pays. »

La même conviction pénétra jusqu'au cœur d'un impie. Un père et une mère veillaient au chevet de leur fille agonisante. Tout l'art des médecins avait échoué sous l'effort du mal, et déjà la main décharnée de la mort s'approchait dans l'ombre pour fermer les yeux éteints de la jeune victime. Dans sa douleur profonde, la malheureuse mère se jeta aux pieds de son époux incrédule et le conjura d'aller trouver le vénérable évêque, afin qu'il daigne prier pour son enfant. Ce père impie, touché des pleurs de son épouse et désolé de la perte inévitable de sa fille, cède à la force du sentiment et s'en va trouver le vieux pontife.

A la voix de ce père inconsolable, le bienfaisant Sausin accorde plus qu'on n'ose lui demander. Il quitte son palais épiscopal, et, à pied, tremblant sous le poids de quatre-vingt-sept années, il se rend à la demeure de la jeune malade, s'agenouille auprès de son lit douloureux et prie dans le silence et le recueillement des saints. Ses lèvres s'agitaient lentement, et sa tête blanchie s'inclinait avec un léger balancement dans le travail de la pensée et de la méditation des paroles puissantes qu'il prononçait. A peine eut-il achevé que la jeune malade fut soulagée; la vie qui errait sur ses lèvres comme à l'heure de son départ pour l'éternité fut ranimer le sein de la jeune infortunée. A cette vue, ce père incrédule maudit son impiété, tomba lui-même aux genoux du bienfaisant prélat et ne cessa de répéter long-temps: « Elle est guérie! c'est un miracle! » L'heureuse mère baisait ses mains et ses habits et s'abandonnait à tous les transports heureux de sa reconnaissance. Il partit comblé de leurs bénédictions.

Cette même piété confondit un autre impie. Cet homme était un ennemi déclaré de la religion et de ses ministres. Irrité du titre qu'on donne aux évêques, il jura dans une société de philosophes, ses pareils, qu'il irait trouver Sausin et qu'il ne l'appellerait pas *Monseigneur*. Dans ce ridicule dessein, il se rend au palais épiscopal et s'introduit au salon du vieux prélat. Quelque temps ils conversèrent ensemble; d'abord l'impie tint sa parole, mais bientôt la vue de ce vénérable vieillard, aussi grand, aussi pieux, aussi noble que tout ce qu'on a tant de fois raconté des hommes merveilleux de l'antiquité, Booz, Tobie, Eumée, Socrate et Ignace, Irenée et Origène, fit une vive impression dans l'âme du superbe visiteur. Sa force l'abandonna et le mot fameux sortit de sa bouche: « Monseigneur, dit-il, si tous les évêques vous ressemblaient, il n'y aurait plus d'impies. » Il était donc bien vénérable ce prélat! Ainsi en arrivait-il à tous ceux qui l'allaient voir, et l'évêque de Blois recevait de nombreuses visites.

Le temps des réceptions était fixé depuis

deux heures jusqu'à cinq heures pour les grands et pour les petits, les riches et les pauvres, pour les fidèles enfants de l'église et pour les impies : car tous avaient besoin de le voir. Sa conversation était douce et souvent enjouée. Il mêlait la science à l'esprit, les pieuses leçons à l'amabilité du salon. Un général qui sortait de l'évêché, dit en jetant un regard aux grands hommes qui entourent la salle d'entrée du palais épiscopal comme une majestueuse garde de rois et de généraux : « On dirait que cet homme a plus gagné de batailles que toutes ces vieilles majestés et ces braves de l'antique chevalerie, et qu'il a assisté à toutes les batailles de la monarchie française tant il en parle savamment. »

Une dame qui était venue exprès de Paris afin de voir cet homme merveilleux, eut le bonheur de goûter quelques moments d'entretien avec l'auguste vieillard. Et de retour au sein de la capitale, elle répondait à ceux qui lui demandaient des nouvelles de son voyage : « J'ai vu le pape à Blois. »

Dans ce salon de réception générale, une mère et sa fille, une épouse et son mari étaient admis auprès de lui, mais il ne permit jamais, jusques à l'heure de sa mort, qu'une femme seule se trouvât avec lui ; toujours un de ses prêtres était appelé auprès de lui pendant tout le temps que cette femme demeurait dans sa chambre.

De son côté il était assidu à rendre ses visites à ceux qui le venaient voir. Au premier de l'an, s'il ne pouvait aller chez tous chaque année, il ne manquait pas l'année suivante de commencer par ceux qui ne l'avaient pas eue l'année dernière.

CHAPITRE IX.

SES AUMONES EN FLANDRE. — LES LOYERS QU'IL PAYAIT. — IL RANIME LE ZÈLE DE LA CHARITÉ EN FAVEUR DES VICTIMES DE LA GRÊLE.

Mais à ces actes de politesse française il joignait de plus précieuses qualités. Qui peut ignorer l'étendue de ses bienfaits. On les a ressentis de la Flandre au Midi. Une ardente charité le dévorait et il n'avait jamais assez pour satisfaire au besoin des chrétiens souffrants. Nous avons entendu les pleurs et les gémissements des malheureux qui s'écriaient à la nouvelle de sa mort : « Qui nous aidera à payer nos loyers ! la St-Jean approche et notre évêque n'est plus. »

Il en payait pour plus de trois mille francs par an.

Aux jours désastreux des inondations du Midi, il prodigua son or aux victimes de l'invasion des grandes eaux.

En mil-huit-cent trente-neuf il ranima le zèle de la charité universelle, et invita tout son diocèse à former avec lui un trésor de bienfaisance pour nourrir jusqu'aux nouvelles moissons les infortunés que le fléau de la grêle avait réduits à la famine en écrasant tous les fruits de la terre qui alimentent les hommes.

Voici les sublimes et attendrissantes paroles qu'il faisait retentir de la chaire apostolique :

« Quelques semaines seulement se sont écoulées depuis que votre charité est venue abondamment au secours d'une grande infortune; et voilà que nous sommes dans la triste nécessité de faire encore un nouvel appel à cet inépuisable sentiment qui ne saurait vous permettre de laisser aucun malheur sans consolation. Il ne s'agit plus aujourd'hui d'envoyer vos aumônes sur des plages lointaines; les désastres se sont rapprochés de vous; ils ont éclaté au sein même de vos campagnes; beaucoup d'entre vous en ont été les victimes. Tous, du moins, vous avez vu ces moments de calamités qui ont changé en de vastes champs de stérilité des campagnes qui promettaient une abondante récolte que plus de cent paroisses ont vu s'évanouir en quelques instants; une sorte de stupeur accablante a pris la place de l'heureux avenir qu'ils se promettaient déjà.

« Au milieu de tant de malheurs, que de familles réduites à l'indigence! que d'honnêtes et estimables cultivateurs condamnés à la dure impossibilité de confier désormais à la terre une semence qu'elle ne leur a pas donnée, et pour qui l'avenir devient dès-lors plus redoutable encore que le présent.

« O vous ! victimes si nombreuses et si dignes de compassion, qui pleurez aujourd'hui sur des pertes que vous ne pouvez réparer vous-mêmes, calmez vos alarmes, tout espoir ne vous est pas enlevé : la main qui vous a frappés vous a aussi épargnés. Le désastre, pour être grand, partout où il s'est étendu, n'est pas universel ; et, suivant le précepte de l'apôtre : la surabondance de certaines contrées s'empressera de venir en aide à l'insuffisance des autres.

« Le zèle et la charité de vos magistrats n'a pas tardé à déployer la plus active et la plus louable sollicitude : c'est bien en ces douloureuses circonstances qu'ils se sont montrés vos protecteurs et vos pères. Ils ont appelé autour d'eux les conseils et les efforts de tous ceux qui, par sentiment et par position, se sont voués au soulagement du malheur. Les secours du gouvernement viendront aussi alléger le fardeau de l'infortune.

« Mais au milieu des maux qui pèsent sur vous, vous avez droit d'attendre la voix de votre premier pasteur, chargé près de vous d'une mission toute de charité et de consolation, non, nous ne manquerons jamais de vous la faire entendre, cette voix qui doit toujours vous exhorter à la résignation dans les jours du malheur, comme à la reconnaissance dans les moments de la prospérité.

« Déjà nous avons invité vos pasteurs à se concerter avec les dépositaires de l'autorité civile, pour réunir les secours destinés aux premiers besoins. Nous venons aujourd'hui faire un appel plus général à la charité de tous ceux qui n'ont pas été frappés, ou pour qui les pertes ne sont pas une calamité sans ressources, en faveur de ceux à qui tout a été enlevé; et notre voix, nous en avons pour garant les preuves d'une charité qui ne faillit jamais, notre voix sera entendue.

« Mais notre mission sera-t-elle donc accomplie, lorsque nous aurons demandé du pain pour ceux qui n'en ont plus, et des moyens de travail pour ceux que le désastre a condamnés à une inaction funeste et forcée. Oh ! non, si vos besoins temporels appellent les soins de la religion ; si ses ministres prennent une part si active dans les moyens qui sont employés pour adoucir vos pertes, les besoins de vos âmes n'ont pas dû échapper à notre sollicitude pastorale. Ah ! laissez-nous épancher en votre présence l'amertume de notre cœur. Parmi les paroisses sur lesquelles le fléau s'est appesanti, il en est quelques-unes, nous le savons, qui se sont humiliés sous la main qui les frappait, et qui ont essayé d'appaiser la justice divine par des prières et des supplications. Mais pourquoi faut-il que ces paroisses, où la foi règne encore, soient en si petit nombre ? pourquoi, dans tant d'autres, a-t-on méconnu l'action puissante de cette providence toujours miséricordieuse, même dans la rigueur qu'exerce sa justice? ou si par un reste de foi, on y a découvert la main de Dieu, pourquoi accuser le ciel d'injustice, lorsqu'on ne devrait accuser que soi-même? Hélas! nous vous le disons ici avec un vif sentiment de tristesse : voyez de toutes parts le jour du Seigneur publiquement profané, ses commandements méprisés, les lois si sages de son église foulées aux pieds; et, lorsque vous aurez ainsi reconnu que Dieu lui-même est outragé par ses propres enfants, vous aurez trouvé la cause de ces fléaux qui ont fondu sur nous.

« Mais les obligations que la foi vous impose se borneraient-elles à voir la main du tout-puissant à travers ces nuées de désolation qui ont été les ministres de sa justice? et seriez-vous les dignes enfants de celui que l'écriture appelle le père du siècle à venir, si vous restiez comme écrasés vous-mêmes sous le fléau qui a désolé vos campagnes? Oh! toutes vos espérances seraient-elles donc attachées à cette terre? avez-vous donc cessé d'être chrétiens, parce que vous êtes devenus malheureux? voudriez-vous le devenir doublement, en perdant tout à la fois et les fruits de vos champs et l'espérance des biens futurs? Ah! relevez, nous vous en conjurons, relevez vos fronts abattus par la tempête; portez vos cœurs au-dessus de cette terre que vous foulez aux pieds, et qui est appelée à si juste titre : LA VALLÉE DES LARMES: *sursum corda*! vous avez perdu des biens périssables: mais humiliez-vous sous la main qui vous châtie, et vous saluerez de loin ces trésors du ciel qui vous sont promis, et qui ne craignent pas les intempéries des saisons.

« Dieu, le père des miséricordes, a vu peut-être que vos cœurs trop attachés à la terre, perdraient le souvenir des biens immortels; et, pour diriger vos affections vers ces derniers, qui sont seuls dignes de fixer vos pensées, il a voulu vous séparer des autres, qui sont caducs et fragiles. Ce cœur chrétien que vous portez en vous, ce cœur dont l'essence est d'aimer, il faut bien qu'il s'élève vers le ciel, lorsque la terre vient à manquer à ses désirs. Dans les pertes que vous avez éprouvées, la miséricorde qui pardonne ne s'est donc pas séparée de la justice qui châtie.

« Cessez donc encore, cessez de vous en prendre à vos charitables pasteurs des malheurs qui vous ont accablés.

« Vous le savez aussi bien que nous, malgré les efforts incessans de l'impiété, vous savez que, s'ils ont levé les mains vers le ciel, ce n'a été que pour conjurer le fléau qui vous menaçait : ils ont reçu, il est vrai, le pouvoir et la mission de s'interposer entre Dieu et les fidèles, mais uniquement pour implorer sa miséricorde et détourner, s'ils le pouvaient, les coups de sa justice. Tous ceux d'entr'eux qui ont été frappés dans le petit coin de terre dont la jouissance passagère leur est laissée, ont facilement oublié leurs pertes personnelles pour concentrer leur sollicitude, leurs soins et leurs aumônes sur les besoins du troupeau qui leur est confié. Ont-ils, dans ces douloureuses circonstances, failli à ce devoir de charité qui leur est imposé d'en haut? ne les a-t-on pas vus au contraire répondre par un prompt et généreux élan à l'appel qui a été fait à leur charité? n'ont-ils pas été, pour les victimes les plus délaissées, des anges de paix et de consolation? Ah! si, comme nous, vous les aviez entendu déplorer avec larmes les pertes que vous avez éprouvées; si comme nous, vous aviez été les confidents de pieuses industries qu'ils voulaient employer pour venir au secours des plus grandes infortunes, au moment où grondait encore la foudre dévastatrice; vous n'auriez pas prêté une oreille trop facile à ces absurdes et perfides calomnies, dans l'invention desquelles on ne sait en vérité si l'on a plus en vue de se jouer de votre crédulité, que d'exciter contre vos pasteurs un mécontentement dont il vous eut été facile de découvrir l'injustice. Mais ici, comme toujours, l'impiété a voulu profiter du premier moment de stupeur qui suit ordinairement les grandes catastrophes, pour réveiller la vieille haine qu'elle a vouée aux ministres du Dieu-vivant.

« Si nous seuls devions en devenir les victimes, volontiers nous nous dévouerions à cette vie calomniée et outragée que nous a prédite notre modèle et notre maître. Mais votre foi elle-même est compromise dans ces attaques ; et voilà ce qui nous fait élever la voix. Ah ! ne la laissez pas éteindre dans vos cœurs, cette foi, à qui seule il a été donné de soutenir le chrétien dans les infortunes et les revers dont sa vie est semée sur la terre. Entrez plutôt dans les sentiments de cet homme de foi, dont la courageuse résignation a mérité les éloges de l'Esprit-Saint lui-même. Frappé dans ses affections les plus chères, tombé soudainement du faîte des honneurs et des richesses dans la misère la plus profonde, et réduit à la plus humiliante extrémité, le saint homme Job ne fit entendre que ces mémorables paroles, qui devraient être inscrites en caractères ineffaçables dans le cœur de tout chrétien, aux prises avec l'adversité : *le Seigneur m'avait tout donné, il m'a tout enlevé, que son saint nom soit béni.* Puissent ces sentiments devenir les vôtres, et bientôt le calme et l'espérance, cette jouissance des malheureux, renaîtront dans vos âmes. Et pendant que s'opèrera en vous ce merveilleux changement, que nous appelons de toute l'ardeur de nos désirs, la charité de vos frères ne restera pas inactive. Ils se rappelleront que d'abondantes récompenses sont promises à ceux qui auront fait d'abondantes largesses ; ils n'oublieront pas que, quels que soient les sacrifices que leur charité leur a déjà imposés, il est des circonstances graves, où le riche doit faire le généreux abandon de tout son superflu, et celui qui n'a que peu, donner volontiers de ce peu à celui à qui il ne reste rien. »

CHAPITRE X.

IL ORDONNE DE VENDRE SON ARGENTERIE. — LA LETTRE SINGULIÈRE QUI PORTE PROMESSE D'INTÉRÊTS. — LA FAUSSE SOUTANE RETOURNÉE. — LE MARCHAND D'ORNEMENTS PONTIFICAUX. — SA TENDRE COMMISÉRATION POUR LES PRÊTRES COUPABLES.

Le vénérable Sausin ne voulut jamais avoir une seule pièce d'argent de reste à la fin de chacun de ses trimestres: « N'est-il pas abominable de thésauriser, disait-il, lorsque tant de malheureux se tordent au sein de la misère. »

Cette charité sans bornes lui faisait oublier ses propres besoins. Dans un de ces moments où il ne pouvait donner une somme d'argent à un infortuné que le besoin réduisait à la dernière extrémité, il donna ordre à son valet de pied de prendre sa vaisselle d'argent, de s'en aller chez un orfèvre de la ville de Blois et de la donner moyennant un égal poids de ce riche métal que les rois font battre à leur effigie. Mais un de ses prêtres lui fit observer qu'il lui faudrait acheter un semblable service en cuivre dont le prix s'élèverait à la valeur de celui-là. La vaisselle précieuse fut conservée au pieux évêque, mais on pense que ce généreux prêtre donna la somme que son digne prélat destinait à l'œuvre de la charité. Belle action dont nous voudrions pouvoir nommer l'auteur !

Un autre bienfaisant fils du sacerdoce était chargé de lui demander une nouvelle libéralité en faveur de pauvres gens que la honte et la crainte avaient arrêtés au seuil du palais: « Mon fils, lui dit le charitable évêque, la voici ! »

Le dépositaire de l'aumône s'empressa de la remettre lui-même aux mains qui l'attendaient; bientôt une lettre singulière fut remise au prélat. En voici le sens :

MONSEIGNEUR,

« Nous avons reçu l'argent que nous vous avions fait demander pour adoucir la misère qui nous accable. Nous ne savons, Monseigneur, comment reconnaître un si généreux bienfait. Mais nous vous assurons que nous ne manquerons pas de vous payer fidèlement les intérêts. »

A cette lecture, le pieux évêque se troubla et conçut une profonde douleur de l'idée qu'on se formait de sa charité. Il fit appeler aussitôt le prêtre qui avait servi d'intermédiaire à son aumône ; il le reçut assis et avec une paternelle indignation peinte dans ses traits : « Qu'ai-je appris dans cette lettre, dit-il ; avez-vous pu laisser croire à ces gens que je recevais l'intérêt que la loi divine réprouve dans l'église et que celles des états peuvent tolérer à peine entre les hommes. »

« Monseigneur, lui répondit le prêtre, lors que j'allais à l'autel, une personne me présente une lettre qui vous était adressée. Comme je ne pouvais abuser de mes précieux instants, je lus seulement la première ligne et, n'y voyant rien de choquant, je lui dis : « C'est bien ! c'est très bien ! ». Mais croyez-moi, Monseigneur, ces bonnes gens ont péché par excès de reconnaissance. »

A ces mots les bras tombèrent au tendre évêque et une larme parut au bord de sa paupière : « Vous avez raison, mon fils, lui dit-il, et ils m'ont surpassé en générosité. »

Et voilà le bienfaisant pontife de Blois ! que nous a-t-on raconté de plus touchant de François de Sales, cet immortel évêque et prince de Genève !

Pour augmenter le revenu de la bienfaisance évangélique, le charitable Sausin se refusait jusqu'aux vêtements. Dans ses dernières années il ne lui restait plus qu'une vieille et mauvaise soutane dont la vétusté et le long service avaient usé le coloris et le tissu; ses prévoyans vicaires résolurent de la remplacer par une autre qui devait sortir élégante et neuve de l'œuvre savante de l'aiguille et du ciseau. Ils confièrent leur dessein au modeste évêque: « Mes enfants, leur dit-il, je sens que la vieillesse me laisse peu de jours dans l'avenir ; et je ne pourrais user ce dispendieux vêtement qui me coûterait un grand prix ; mais je me rappelle qu'à l'époque de mes jeunes années, on savait retourner les vieux habits. Regardez cette misérable soutane ! une fois retournée, l'œil trompé la croira dans sa jeunesse, et la trouvera belle encore. »

Quelques jours après, on lui remit une soutane : « Voyez-vous, leur dit-il; qui ne la croirait pas tout récemment sortie des riches maisons de Louviers ou d'Elbœuf. » Le confiant évêque s'imaginait revoir son antique vêtement transformé sous la main de l'habile ouvrier, tandis qu'une noble ruse lui remettait une soutane qui voyait le jour pour la première fois.

Une semblable circonstance fut l'innocente cause d'une nouvelle erreur : Ses vicaires lui demandaient en vain son consentement à l'achat nécessaire d'habits pontificaux ; mais bientôt un marchand de la capitale se présente au sage vieillard et déroule à ses yeux les ornements sacrés des évêques. On le presse de saisir l'heureuse occasion ; il cède aux mille sollicitations qui l'en conjurent, et l'on bénit le hasard qui l'avait conduit en ces lieux. Le paisible Sausin ne savait pas qu'une lettre ignorée l'avait mandé du sein de la ville fameuse de la Seine.

Cette noble passion qui lui faisait prendre sur ses besoins, était nourrie en lui par le généreux désir de multiplier ses bienfaits. Cette immense tendresse allait chez lui jusqu'à l'oubli d'une juste réserve. Il était facile d'en abuser, non parce qu'il manquait de lumières, mais par excès de générosité. Il s'abandonnait à la plus tendre compassion, en faveur des malheureux prêtres qui avaient enfreint les lois divines de leur état sacerdotal. Dans ses visites pastorales ou dans le sein de son palais, il tâchait de se dérober aux yeux importuns de ses vicaires, s'il avait quelque reproche amer dont sa justice dut sagement reprimander un coupable. Et là, dans l'ombre et le silence, il pleurait et invitait le pécheur au plus généreux des repentirs. Et puis il lui pardonnait.

Mais si, puissant de toute son autorité, il armait ses avis de paroles menaçantes, le vieux prélat n'osait le lendemain monter à l'autel et se contentait de prier, en silence, aux bords des hauts degrés du sanctuaire.

Dans les derniers jours de sa blanche vieillesse, il sentait avec une religieuse douleur tout l'empire que ses conseillers avaient ravi à son autorité. Il se plaignait à voix basse de ne plus agir au gré de ses vœux, et lorsqu'on lui demandait une visite dans une commune éloignée, un bienfait dispendieux, une grâce que la rigoureuse sévérité n'eut pas accordée, mais que son cœur n'eut pu refuser, il répondait avec une pénible hésitation : « Mes vicaires ne veulent pas !!! »

CHAPITRE XI.

LA STATUE DE PAPIN. — LE SIÈCLE PRÉSENT. — LE CALME DE SON ZÈLE. — LE DISSIDENTISME. SA MALADIE. — SA MORT.

Le vénérable Sausin conserva de nobles restes de son énergie première jusqu'aux derniers moments de sa prodigieuse existence. Et dans ces temps où l'on a voulu que la ville blaisoise élevât une statue au célèbre Papin, regardé comme l'auteur immortel qui nous a révélé les merveilleux secrets de la vapeur, Sausin n'a point opposé sa voix à ce glorieux projet. Mais lorsqu'on a publié le sacrilège dessein de la placer sur la pyramide légère du pont qui la soutient fièrement sur son robuste dos, le zélé pontife s'est écrié dans son étonnement : « Si Papin l'a mérité, qu'on lui élève une statue. Et les places de Blois ne manqueront pas à son glorieux monument. Mais qu'on laisse la croix du Rédempteur au sommet de la pyramide bâtie pour elle. Sans doute les peuples doivent des honneurs immortels aux hommes qui leur ont sû révéler ces grands mystères de la nature qui font la gloire, la puissance et la richesse de leur patrie! Mais qu'on n'arrache pas le signe du Christ, fils du Dieu de la terre et du ciel, pour asseoir à sa place la profane image de ses créatures. »

Le digne évêque était trop éclairé pour ne pas reconnaître aussi les besoins de l'époque. Il aouait les progrès du siècle et les merveilles de ses découvertes; il aimait à le suivre dans sa marche rapide et se mettait à la hauteur des évènements. Mais il lui reprochait cependant l'excès de son ambition qui veut faire aujourd'hui ce qui ne doit s'opérer que demain, et qui voudrait dans sa folie ne laisser aucune œuvre nouvelle à l'avenir. Aussi dans sa double position de citoyen et d'évêque, gardait-il une juste mesure. Il ne demandait point à exécuter la veille ce qui ne devait être que la tâche du lendemain. Son zèle fut toujours paisible et raisonné, et un seul acte qui ne put s'opérer à sa voix, à ses commandements ni à ses prières, fut le renversement du dissidentisme.

Cette ridicule secte qui a suivi les erreurs de Thémines, conserve encore son premier culte au sein de Vendôme. Lorsque, dans les magnifiques solennités de la religion, la puissante cloche de la Trinité laisse du haut de sa tour gigantesque tomber sa large et majestueuse voix sur la ville d'Henri IV, où Geoffroi-Martel offrit à Dieu son épée, où Jeanne d'Albret fut unie à l'un des glorieux fils des Bourbons, et lorsque le peuple entre à longs flots sous le portique sonore de cette immense basilique des enfants de St-Benoit, une petite et obscure troupe de chrétiens se rend en silence dans une étroite chapelle sans cloche et sans pompe, pour assister à une Messe réprouvée que dit un prêtre apostat et séparé du grand et religieux troupeau de l'église catholique, apostolique et romaine. L'année dernière encore, un insensé a exécuté le ridicule projet qu'il avait conçu d'écrire un livre en faveur de son église schismatique. Mais il n'a pu répandre cependant qu'un petit nombre d'exemplaires de ce rêve extravagant, et guidé par une sage obéissance à l'autorité des magistrats, il a brûlé cet ouvrage infortuné qui était plutôt un infâme tissu d'injures et de calomnies grossières contre les cérémonies du culte catholique de l'église universelle, qu'une apologie du dissidentisme. Mais sans doute ce schisme ridicule ne survivra pas long-temps aux derniers efforts du zélé Sausin.

C'est donc après vingt années de pontificat et

de gloire, que la mort vint frapper à la porte de son palais épiscopal, et que son bras puissant, qui brise les rangs cuirassés d'airain toujours debout devant les royales demeures des monarques, s'abaissa vers le faible vieillard. Mais le pieux évêque l'attendait sans effroi et se coucha paisiblement sur son lit douloureux qui le recevait pour la dernière fois. On s'aperçut bientôt que le mal était sans espérance; les médecins ne purent dissimuler enfin le péril du vieillard. Cet homme juste sentit les atteintes de la mort et se résigna sans peine à quitter la vie. Il donna les avis les plus sages à tous ses vicaires, et ses touchants discours étaient une vaine consolation au milieu des regrets dont chacun sentait les douleurs.

Cependant les cloches annonçaient le malheur qui déjà menaçait le diocèse blaisois. Les prières ne cessaient de monter vers le ciel, tant les peuples se pressaient dans les temples; le tocsin de la mort jetait l'effroi dans les cœurs et l'agonie accomplissait sa tâche. Le pieux évêque recevait son Dieu pour la dernière fois. Ses membres usés par les travaux du sacerdoce étaient oints d'une huile nouvelle que la religion emploie pour en fortifier l'athlète chrétien qui lutte dans les angoisses de son passage à l'éternité.

Les sublimes paroles de la consolante écriture étaient sans cesse sur ses lèvres et c'est ainsi que le quatre mars mil-huit-cent quarante-quatre, après une carrière de quatre-vingt-neuf ans, Philippe-François de Sausin, souffle émané de Dieu, quitta l'enveloppe de son corps inanimé, et revola dans le sein de l'Être infini.

CHAPITRE XII.

SES FUNÉRAILLES. — DEUIL UNIVERSEL. — CONCOURS PRODIGIEUX. — ÉLOGES DE M. DE SAUSIN.

A la nouvelle de cette mort illustre, on accourut de toutes parts. Chacun voulait voir encore ce vénérable évêque, exposé dans la chapelle ardente de son palais épiscopal. La vénération publique y mêla l'enthousiasme de la foi et l'ivresse de l'espérance. On entendit des voix répéter dans la foule : « c'est un saint ! c'est un saint ! »

Chacun voulut le toucher ou lui faire toucher quelques objets précieux ; l'un son cachet, l'autre sa pièce d'or, le prêtre son bréviaire, la femme son anneau, la religieuse son chapelet, le vieillard son bâton, l'enfant son hochet. L'un d'eux, noble guerrier de la patrie et digne d'avoir combattu dans les invincibles armées qui marchaient sous la protection du *Deus sabaoth*, fit toucher son épée au visage du saint évêque. Il pouvait lui dire à plus juste titre que Bayard à la sienne qui avait touché son roi : « certes, ma bonne épée, tu seras moult bien comme relique gardée, et sur toutes autres honorée. »

Mais le peuple s'abandonna bientôt à son immense amour ; et afin d'en garder un souvenir matériel et un gage de bénédiction, chacun s'empressa de lui ravir une parcelle de ses vêtements. Mais le douze, il fut scellé dans un cercueil de plomb, et on le descendit au rang des morts, dans le souterrain qui reçoit la surabondance des grandeurs pontificales. Cette lugubre et solennelle cérémonie était accompagnée de toutes les pompes funèbres qui peuvent honorer les obsèques d'un vertueux prélat.

Ses vicaires avaient déjà rendu le plus illustre témoignage à ses vertus, à sa sagesse et à sa gloire.

« Monseigneur Philippe-François de Sausin, avaient-ils dit aux peuples, notre évêque si vénéré, est mort! mais il est mort comme les saints patriarches quittaient cette terre d'exil, orné de la triple couronne de la vieillesse, de la vertu et de la gloire qui en est la récompense.

Qu'elle était grande la tâche imposée à notre premier pasteur! Arrivé, comme le prophète, au milieu de ruines en tout genre, il avait à réédifier, on peut dire, par les fondements, une église qui conservait à peine quelques souvenirs de son existence passée. Aussi l'avons-nous entendu souvent gémir, entre le vestibule et l'autel, et conjurer le Seigneur avec larmes de répandre l'esprit et la vie sur ces amas d'ossements arides et desséchés. Plus souvent encore, se défiant de ses propres forces, nous l'avons surpris demandant, comme Moïse, que le Seigneur le délivrât du fardeau trop pesant qui lui avait été imposé.

Et, pendant les vingt années de son pontificat, quel genre de bien ne s'est pas opéré dans notre diocèse !

Ses premiers soins furent consacrés à l'établissement des séminaires, de ces précieux asiles où devaient se former de jeunes lévites destinés à gouverner les nombreuses églises qui réclamaient en vain des pasteurs, et à succéder à ces *anciens du sanctuaire* qui, courbés sous le poids des années, ou blessés dans les combats qu'ils avaient soutenus pour la foi, sentaient que la charge pastorale allait bientôt leur échapper avec la vie. Oh ! combien de fois n'avons-nous pas entendu notre vénérable Pontife déplorer cette triste viduité de tant de paroisses dépourvues, depuis un si grand nombre d'années, des secours de la religion ! Eh ! quels sacrifices n'a-t-il pas faits, pour réunir d'abord dans un asile provisoire, et, plus tard, dans un bâtiment qui lui a coûté tant de soins et de sollicitudes, les élèves du sanctuaire.

C'est encore par ses encouragements, et quelquefois par ses pieuses largesses, qu'un grand nombre de pauvres églises, si dénuées, si dépourvues, sont sorties de leur état de délabrement, et, nous pouvons dire de leurs ruines.

N'est-ce pas encore, non seulement à sa présence, mais à cette influence qu'il exerçait sans le vouloir, aussi bien qu'à ses conseils, que la ville épiscopale, en particulier, est redevable de tous ces temples élevés, depuis vingt ans, à la gloire du Très-Haut; de ces pieux et charitables établissements, où l'innocence et le malheur sont mis à l'abri du danger, et où la vie coupable trouve un asile assuré et des cœurs ouverts à son repentir ?

Oh ! qui pourra jamais raconter toutes les misères, toutes les infortunes qu'il a secourues avec une bienveillance qui ne se lassait jamais et une générosité qui ne connaissait pas de bornes ! Tous les revenus d'une fortune honorable ont été consacrés, soit à donner du pain aux malheureux, soit à soutenir dans le secret ceux qui n'osaient avouer leur détresse, soit à retirer d'un embarras humiliant, et souvent ruineux, des familles qui ne subsistent aujourd'hui que par ses largesses. Qu'elles le disent ces pieuses associations, qui trouvent dans leur charité tant d'ingénieux moyens pour venir au secours du malheur; qu'elles parlent, ces dames charitables, qui mettent leur bonheur dans l'exercice des œuvres de miséricorde ; qu'elles disent si jamais elles ont trouvé le cœur du généreux pasteur fermé à leur première parole ; souvent même son aumône prévenait la demande qu'on venait lui adresser.

Vous le savez mieux que personne, vous, Ministres du Seigneur, non seulement qu'il appelait mais qu'il traitait en effet comme ses enfants! vous savez avec quelle paternelle bonté il accueillait vos visites et vos demandes. Non! vous n'oublierez jamais cette douceur, ce calme, cette dignité toujours modeste qui présidaient à ses entretiens; car nous l'avons plus d'une fois entendu vous dire, qu'il avait tâché de prendre comme pour devise ce précepte du prince des apôtres: *Neque ut dominantes in cleris, sed forma facti gregis examine.*

Sa maison était ouverte à tous. Son esprit pénétrant et varié, ses connaissances étendues, ce sens exquis des convenances, si nous pouvons ainsi parler, que tous admiraient en lui, fruit non moins de son humilité que de la noblesse de son origine, en avaient fait un homme toujours au niveau de ceux avec qui il s'entretenait. Une dignité sans hauteur, une affabilité sans abaissement, une science sans prétention, une vertu sans austérité rebutante, tels étaient les caractères distinctifs du vénéré Pontife, qui laisse au milieu de nous tant de précieux souvenirs et de si pénibles regrets.

Ainsi le louaient ses vicaires bien-aimés.

Mais la silencieuse Loire avait pris sur son majestueux dos de plus étonnants apologistes : de simples bateliers racontaient, dans les ports de Nantes, les mêmes vertus de ce pieux évêque. Eux seuls possédaient le secret de leur mission. Peut-être l'auguste prélat leur avait-il aidé à élever leurs enfants ou payer des dettes onéreuses. Et ils en avaient gardé le mystère, parce qu'il avait fait jurer de ne le révéler jamais. « Mon enfant, disait-il toujours, souvenez-vous d'en garder le silence ; que nul n'en sache rien que vous et moi ! »

Aussi la mémoire du juste demeurera éternellement, et tous les cœurs ont élevé dans leur pieux sanctuaire un autel d'amour, de reconnaissance et d'admiration au bienfaisant Philippe-François de Sausin.

CHAPITRE XIII.

CONCLUSION.

Il est donc passé dans ces lieux cet ange au doigt céleste qui ferme doucement les yeux du juste ! Et les bords de la Loire ont pleuré son passage. Une voix universelle a été entendue qui s'échappait des hauteurs et des vallées, du palais et des réduits de l'indigence ; elle était pleine de lamentables pleurs et de longs gémissements : c'est une mère inconsolable, divine épouse du Dieu du Thabor, c'est la majestueuse église de Blois qui fait de sublimes adieux à son fils aîné entre les fidèles pasteurs de son troupeau bien-aimé. Elle s'écrie en versant des larmes et comme un sourire encore au bord des lèvres :

« Mon père qui règne au-dessus de ces trois cieux jusqu'où Paul fut ravi en extase, Dieu m'avait donné un pasteur adoré qui avait consolé mes douleurs. Il avait été choisi entre tous pour monter aux autels du Très-Haut et pour y brûler un encens pur; pour y accomplir le pacte éternel fait entre le ciel et lui, et pour exp'er les crimes des enfants d'un nouvel Israël. Le Seigneur l'avait appelé dans le silence de son redoutable sanctuaire et sa voix lui avait dit: j'ai vu la dure affliction de mon peuple, je suis venu et je t'envoie pour l'arracher à l'abîme de la désolation! Va plein de ma puissance et sauve les générations qui me sont chères; et souviens-toi que c'est ton Dieu qui t'envoie! »

Ainsi lui avait dit le Seigneur. Et il a marché dans la voie de la paix et de l'équité; ses lèvres ont répandu la science des saints et toutes ses paroles ont été pleines de la gloire de son Dieu. Il a protégé la justice et la foi au milieu de ses peuples; il a été le père et le pasteur des hommes confiés à ses doux soins; il a sacrifié ses trésors et ses jours; il s'est fait le serviteur de ses frères; il savait prier pour les coupables; calmer les gémissements; relever l'infortuné du fond de son abîme; chasser le nuage des ténèbres du siècle, enseigner les puissants et briser les coupables rebelles à ses conseils. Il instruisait ses frères de l'exemple, de la voix et du geste, et, après son passage, demeurait long-temps sur ses pas le suave parfum de ses vertus. Il fut la lumière de l'aveugle, la colonne du faible, l'appui du malheur et il frappait d'épouvante les dévorants archanges de l'enfer. Il inclinait depuis long-temps sa vénérable tête comme pour donner à son peuple son dernier baiser et son dernier adieu, et il ouvrait ses deux bras débiles pour le bénir et l'emporter au ciel avec lui !

Voilà la fidèle image de ces pasteurs généreux qui sont élus de Dieu pour instruire et sauver les peuples ; et cette peinture est la vie du vénérable Sausin. Quatre-vingt-sept années de travaux et de vertus mêlées de bien des joies et de bien des douleurs, n'ont été souillées d'aucuns vices ni ternies par aucune faiblesse. Il semble que François de Sausin ait rassemblé tous les traits épars dans la vie des saints pontifes qui ont brillé de gloire et de vertu sur les sièges épiscopaux qui environnent celui de la cité Blaisoise.

Comme St-Aignan, l'un des premiers pontifes d'Orléans, et né sous le même ciel que lui, Sausin fut l'ami et le père des pauvres (*a*) et sa jeunesse fut semblable à celle de St-Eucher, qui s'assit autrefois sur le siège épiscopal orléanais ; comme lui les peuples publièrent

---

(a) Grégor. Turon. l. 2. c. 7.

sa sainteté pendant sa vie et comme lui Sausin fit le long pélerinage de l'exil *(b)*. Et si l'on représente St-Landri, évêque de Paris, avec une riche corbeille remplie de pains pour le distribuer à tous les infortunés que la faim dévore *(c)*, qu'a-t-il fait de plus merveilleux que les aumônes de Sausin ?

Et si Grégoire de Tours nous peint St-Germain, évêque de l'antique Lutèce, épuisant les revenus de son église, les offrandes des peuples et la largesse du roi Childebert pour combler le sein décharné de l'indigence *(d)*, qu'a-t-il fait de plus que le pontife enlevé à notre amour? Et si St-Lubin, évêque de Chartres, épris de l'amour des sciences et des lettres, voulut, dans sa jeunesse, s'ensevelir dans la solitude pour s'y livrer seul aux œuvres de l'étude et des vertus et préféra se sacrifier au salut de ses

---

[b] Surius.

[c] Doublet.

[d] Sigebert. chron. Vincent.

frères (*e*), Sausin ne l'a-t-il pas fait lorsqu'il a quitté ses amis de la glorieuse Sorbonne?

Lorsque St-Fulbert, évêque des anciens Carnutes, élaborait ses longs ouvrages, qui ont fait sa gloire et celle de l'église, il accomplissait la volonté du ciel (*f*); et Sausin a trouvé dans son cœur assez d'éloquence, dans son esprit assez de science et dans son exil assez de temps pour composer d'aussi merveilleux ouvrages. Le digne prélat qui vient de descendre au fond des caveaux funèbres de Louis n'a-t-il pas égalé la charité de St-Solenne, aussi évêque de Chartres, qui vendait jusqu'à ses meubles pour soulager les angoisses de la misère de ses frères. Et tous les deux ont eu le même lieu pour sépulture, et ces deux frères en Dieu, mais bien éloignés par la marche des siècles, ont commencé leur même et dernier sommeil dans le même et dernier asile de la mort (*g*).

---

[e] Baron.

[f] Glabert, l. 4. c. 4.

[g] Grégor. Turon. c. 21.

St-Victor, évêque du Mans, fut sur le siège épiscopal le même que Sausin sur celui de Blois; ce pontife, mis au rang des élus de Dieu, n'offre pas une vie plus admirable que celle du prélat dont les actions remplissent ce livre (*h*).

Et cependant la justice de Dieu l'a couronné de son éternel auréole de gloire et placé dans l'Eden céleste du bonheur. St-Perpétue, l'un des plus illustres pontifes qu'ait possédé la riche Touraine, ordonna des jeûnes et des prières dans les calamités publiques (*i*). Et Sausin fut son digne imitateur, lorsqu'il faisait implorer le ciel toutes les fois que des fléaux vengeurs ont visité nos contrées.

Quatre généreux évêques de Clermont, St-Bon qui vendait ses biens pour les pauvres (*j*), St-Prix qui lutta contre les impies de ces contrées (*k*), St-Gal qui refusa les évêchés de

[h] Corvaisier.

[i] Sidon. Apoll.

[j] Usuard.

[k] Adon.

Trèves et de Clermont (*l*) et St-Sidoine Apollinaire dont les empereurs romains avaient, pendant sa vie, placé la statue au milieu de la capitale du monde et devant lequel fondaient en larmes tous les chrétiens, aux seuls accents de son éloquence (*m*), semblent n'avoir été que les plus parfaits modèles imités par le digne prélat dont nous avons donné la vie. Enfin, comme ce puissant évêque de Bourges, St-Sulpice, qui guérit un illustre malade par un miracle (*n*), Sausin aussi a rendu le souffle de la vie à une jeune agonisante qui le sentait abandonner sa mourante poitrine. Et c'est au milieu et sur le sommet de cette admirable couronne de prélats élus à la gloire des anges et des séraphins du ciel, que paraît Sausin, glorieux évêque de Blois et immortel citoyen de la cité du bonheur!

Il était digne de la vénération des peuples ;

---

[l] Carm. l. 4.

[m] Genad. de vir. illustr.. c. 92.

[n] Euseb. histor. l. 3.

et tout homme qui s'abandonne aux douces persuasions de la foi, s'est écrié dans son cœur : Sausin est au ciel!

Au poëte appartient maintenant la gloire de laisser tomber des paroles magnifiques sur la vie de ce merveilleux prélat. Nous l'avons vu, cet auguste vieillard, vêtu des ornements pontificaux, debout devant les degrés de l'autel, annoncer qu'il y allait monter vers le Dieu qui réjouit la jeunesse et qui juge au ciel et sur la terre; y demander au Très-Haut la force, la lumière et ses miséricordes; et là il inclinait sa tête immobile et frappant sa poitrine profonde, il se confessait au juge suprême des vivants et des morts, et le conjurait d'avoir pitié de son vieux serviteur. Alors il montait à l'autel, et sa foi semblait aider ses pas chancelants; aussi s'écriait-il dans son cœur : bénédiction, gloire, sagesse, grâces, honneur, puissance et force à notre Dieu dans les siècles des siècles, comme ces antiques prophètes de Sion, lorsqu'ils entonnaient leurs cantiques inspirés.

Mais tout-à-coup on le voyait se rappeler tous les besoins de son peuple, et dans une langue mystérieuse que l'on parlait jadis dans les opulentes cités d'Athènes, de Corynthe et d'Argos, il répétait : Seigneur, ayez pitié de nous! A la prière se mêlait l'action de grâce et d'un autre accent il s'écriait en face des peuples : gloire à Dieu dans les hauteurs des cieux ! et paix sur la terre aux hommes humbles et fidèles !

Elle était éloquente la voix du pasteur vieilli dans le long exercice du sacerdoce et de l'apostat! Que, par ses œuvres, il avait bien appris tous les jours de sa vie comment on rend gloire à son Dieu. Et quand il se retournait vers l'assemblée des chrétiens, avec quelle effusion de cœur il disait : Paix à vous tous !

Qui ne l'a pas vu, semblable à ces héroïques apôtres qui avaient blanchi en enseignant les Parthes, Mèdes, Elamites, les peuples qui habitaient la Mésopotamie, la Judée, la Cappadoce, le Pont et l'Asie, la Phrygie, la Pamphilie, l'Egypte et la Lybie, les Crétois, les Arabes, les Hellènes et les Latins; qui ne l'a vu lire leurs épitres éloquentes, pleines des inspirations qui les avaient créées: sa pensée surabondait de leur admirable science, et il se rappelait aussi ses longs pélerinages au milieu des hommes. Mais à la fin de ces naïfs récits des bouches apostoliques, venaient ces alleluia joyeux, mot de céleste harmonie qui faisait tressaillir autrefois les délicieuses rives du Jourdain, dans les beaux jours des fêtes de Sion. Et alors Sausin se réjouissait pour bénir son Dieu, et l'alleluia devenait l'hymne le plus ravissant qu'il eut trouvé dans les plus riches harmonies de la langue des hommes.

Mais bientôt sa tête s'abaissait au bord de l'autel, et, pareil au merveilleux fils d'Amos, qui parlait le verbe de Dieu, il disait à voix basse: Seigneur, Seigneur! purifiez mon cœur et mes lèvres avec une flamme douce et pure.

Le livre saint s'ouvrait aux paroles du Dieu

qui marchait sur les eaux, qui rassemblait les pêcheurs de la mer de Tibériade, qui prêchait sur la montagne, qui frappait de sa malédiction l'olivier stérile; qui, sur son chemin, guérit l'aveugle de Jéricho, qui déliait la langue aux muets, envoyait ses disciples lui chercher une anesse au village de Bethphagée pour entrer en triomphe à Jérusalem; qui se plût à pardonner à la pécheresse de Béthanie; qui, jetant un long regard sur Sion, pleurait ses malheurs, et força les oreilles du sourd et muet des rives de la mer de Galilée à s'ouvrir au son de la voix humaine; qui guérit les dix lépreux de Samarie et ressuscita le fils de la veuve de Naïm, et resplendit sur les sommets du Thabor.

Le vénérable pontife trace le signe du Christ sur sa bouche éloquente, et sur le livre sacré. Il lit les paroles évangéliques de la bonne nouvelle, et son cœur surabonde de science, de sagesse et de foi. Aussi déclare-t-il à la face des hommes qu'il croit au père, au Verbe et à l'Esprit qui ne font qu'un seul Dieu. Mais qu'il paraît sublime au milieu de ce profond recueillement qui suit le grand et solennel avœu du mémorable concile de Nicée, auquel se reconnaissent pour amis et pour frères tous les hommes de toutes les régions du monde. Et puis, à la voix faible, lointaine et profonde de cet auguste vieillard, on croyait voir se lever les siècles poudreux du passé et les siècles obscurs de l'avenir, lorsqu'il s'écriait, après un long silence: Pendant tous les siècles des siècles! on doit en tout temps, en tout lieu et toujours bénir le Dieu que louent les anges, qu'adorent les dominations, devant qui tremblent les puissances, et que célèbrent les cieux, les vertus et les phalanges des séraphins: saint! saint! saint est le Dieu des armées, Deus Sabaoth! La terre et les cieux surabondent de sa gloire! Hosanna au plus haut du ciel des cieux: Hosanna!

Mais le moment du mystère était venu et bientôt regnait le sublime entretien de Sausin avec le Très-Haut penché au bord du firmament et qui, à travers l'immensité, prêtait une oreille attentive à la voix de son serviteur. C'est dans le silence de la prière et du recueillement que ce mystérieux colloque se passait entre le pontife et Dieu, et que le prodige du sacrifice s'opérait entre les mains du vénérable ministre. Il aurait suffi peut-être à un payen de voir cet auguste prélat remplir une fois cette sublime mission pour croire au miracle de la nouvelle manne devenue le sang et la chair du fils bien-aimé d'Adonaï, et tomber à genoux devant le sanctuaire du Dieu-Vivant. Ainsi le prélat conversait avec le ciel ; et non moins heureux que ces vieux disciples assis avec le Dieu des Oliviers à la table du banquet au sein d'Emmaüs. Sausin touche de ses mains le Verbe fait chair sous la forme d'un pain éblouissant comme la vision du Thabor et d'un vin pur et délicieux qui énivre d'immortalité. Et le pontife Blaisois semblait avoir retenu dans sa longue méditation quelques-uns des mystères de la Divinité. Et saisi de la même inspiration qui avait ravi Jean le bien-aimé dans ses révélations célestes sur la terre de Samos, il s'écriait : Au commencement était le Verbe, et le Verbe était en Dieu, et le Verbe était Dieu. Tout fut par lui et rien sans lui. En lui était la vie, et la vie était la lumière des hommes.

Voilà le modèle des ministres à l'autel. Il était beau le sacrifice des chrétiens accompli par cet auguste vieillard, et nous en avons voulu retracer le merveilleux tableau. Quelque jeune lévite peut-être sentira dans son cœur un élan sublime ranimer sa foi, son recueillement et son amour. Et bien des chrétiens peut-être aussi seront saisis de la noble envie d'assister plus souvent aux mystères sacrés de la religion qui conduit seule au bonheur. Et plus que jamais il faut la faire aimer des hommes.

Car les temps sont venus où les esprits ne cherchent plus qu'erreurs et vanités, et se sont détournés des pensées du ciel, et où les cœurs vides et stériles des consolations de la religion se fatiguent à poursuivre les chimériques jouissances de la terre. C'est contre ceux-là qu'il est dit : *vœ vobis qui ridetis*; malheur à vos joies! quand ils en ont reconnu la vanité et les douleurs, ils tombent alors dans le découragement devant leur éternité, et chacun d'eux montre la vérité de ces paroles : *celui qui s'assied s'endort*, *et celui qui s'endort meurt*; car leur esprit et leur cœur sont usés.

Aussi quand sont venus les jours froids et ténébreux, et que les hommes s'abandonnent au fleuve de l'oubli qui les entraîne à la mort, il faut élever la voix du haut des montagnes et jeter dans le silence des vallées, des paroles douces et réjouissantes. Dans ces temps qui semblent avancer sur le déclin des âges, on doit ramener les hommes vers la demeure de leur mère qui gémit dans les montagnes parce que ses fils l'ont méprisée et qu'ils ont fui son doux asile.

Ses fêtes sont pleines de saintes joies, de mystères sublimes, de divines espérances, d'énivrantes consolations, de leçons célestes dont la morale est le plus éloquent hymne de la vertu. Les chants y sont ravissants; ses cantiques semblent composés sur d'ineffables concerts; la jeunesse y tressaille d'une allégresse qui n'était point connue autrefois sur la terre; elle semble un essaim détaché des immortelles phalanges pour donner aux hommes un prélude des ravissements du ciel.

Aussi la bouche des prophètes a épuisé toutes les sources de la poésie humaine pour nous peindre cette mère bien aimée. Leurs cantiques l'appellent l'Arche d'Alliance qui unit toutes les nations à Dieu; c'est l'étoile de Jacob qui dissipe les ténèbres de la terre et qui réchauffe les mortels. C'est la tour de David où pendent mille boucliers et qui met les armées à l'abri de la mort. Elle est comparée aux splendides tentes de Cédar et aux pompes superbes de Salomon. Ses lèvres sont pareilles à des bandelettes de pourpre ; l'odeur de ses vêtements embaume à son passage et son haleine est suave comme la brise pleine de parfums. Les bienfaits découlent d'elle comme les eaux du Phison ; ils débordent comme les eaux de l'Euphrate au temps des pluies, et elle en répand l'abondance comme le Jourdain aux jours de la moisson. Ils sont immenses comme les ondes du Dioryx et comme la riche vendange présidée par Géhon. Elle s'est fixée dans Sion, elle a pris son repos dans la cité sainte et sa postérité dans la nouvelle Jérusalem. Elle comprend le cercle infini des cieux, pénètre jusque dans les profondeurs des abîmes, et se promène sur les flots de la mer, et demeure sur la terre parmi chaque peuple, sur tout rivage et réunit toutes les nations.

Ses images solitaires sont placées dans les chênes séculaires aux pieds desquels les Druïdes faisaient ruisseler des flots de sang humain à la gloire de Teutatès. Ses fêtes virginales remplacent les jours où l'on célébrait les coupables mystères des déesses de l'Ionie. Quelque jeune grecque l'implore, chaque soir, dans les mêmes lieux où s'exécutaient les danses bocagères de l'Eurotas. Et plus d'une Andromaque champêtre dépose ses douleurs dans son sein sur les rives du Simoïs. Ses autels ont consolé les ruines de Thèbes et de Memphis, de Sparte et d'Athènes. Elle a étendu la beauté de son culte aimable, comme un voile, sur les tombeaux d'Argos et les débris de Tyr et de Babylone. Naxos et Salamine ont oublié leurs profanes douleurs pour la bénir. Elle a réjoui les solitudes du Liban et du Carmel, les rives du Tigre et de la Mer-Rouge. Où furent les tentes de Jacob et de Booz se sont élevés ses temples. Elle a ses serviteurs vêtus de robes faites de feuilles de palmier ou couverts de tissus de poil de gazelle. Sous le beau firmament d'Egypte elle a été révérée à la place des Dieux du Nil orgueilleux de ses pyramides. L'Arabe sur son léger coursier qui l'emporte au milieu des déserts l'a invoquée pour le succès de ses armes. Le Chinois, assis sous le saule et l'accacia, a entendu sa douce voix. Les Esquimaux dans leur outre de peau de vache marine et les infortunés qui se nourrissent d'huile de baleine sur le rivage groënlandais ont offert les prémices de leur pêche quand on leur a peint sa tendresse et ses merveilles. Le Caffre errant dans les déserts embrâsés a vu son image dans le rocher d'où sort sa fontaine. Elle fut honorée aussi dans les vastes solitudes du Nouveau-Monde où l'on a trouvé ce coffre mystérieux dont le couvercle était délicatement cousu et revêtu de feuilles de palmier, qui était posé sur deux appuis et soutenu par deux colonnes de bois richement élaborées, dont la ressemblance avec l'arche d'alliance des Juifs était remarquable, et que les Indiens appelaient : *Ewharrée no Eatua*, maison de Dieu (*o*). Leurs voi-

[o] Premier voyage autour du monde par Cook.

sius ont accueilli ceux qui la leur ont révélée en criant : Horamaï, dans leur joie ingénue. Et les Hippahs l'ont révérée. Les Zélandais vêtus de bandelettes de feuilles de glaïeuls entrelacées lui ont chanté des hymnes sur la *trompette de Triton* et sur la flûte des réjouissances. Au retour du colibri sur le beau sol des Florides, elle a eu ses fêtes parmi les Siminoles ; quand les ramiers boivent aux sources dans les plaines du Canada, et quand l'Ephémère sort des eaux à la sixième heure du soir, dans les campagnes de la Louisiane, l'habitant chrétien de ces contrées a entendu l'angelus du soir.

Pas un coin de terre ne doit rester inaccessible à ses bienfaits, et, par un prodige de la puissance éternelle, Dieu ferait plutôt descendre une légion de ses anges pour l'y révéler aux hommes de cette contrée-là.

Par ces ministres, et Sausin en est un illustre exemple, elle secoure tous les besoins de l'infortune humaine. L'or de la terre et les consolations du ciel sont intarissables dans ses trésors. Insensés donc ceux qui la fuient et la méprisent! Que l'on demande à nos philosophes de l'or et des habits pour nourrir et vêtir les enfants trouvés qui encombrent les hôpitaux de nos cités? Que répondraient beaucoup d'entr'eux si une voix mystérieuse leur demandait comment devraient se nommer tels et tels de ces malheureux orphelins auxquels ils n'ont pas même donné leur nom pour les reconnaître dans la foule des hommes. Et ils osent ouvrir leur bouche impie pour verser le ridicule sur un culte admirable qui présente une mère à tous les infortunés. Ils n'ont donc jamais compris une pensée du ciel, jamais donc médité, dans la droiture de leur cœur, une seule merveille d'un si beau culte, jamais goûté une de ces jouissances qu'on y trouve, jamais aperçu un des traits de sa beauté céleste. Si un miracle s'opère, ils tâchent de l'expliquer, tant bien que mal, par les agents secrets de la chimie ou de la physique, ou bien ils en font honneur au hasard. En effet, nous concevons que Dieu doit être un grand chimiste et un grand physicien, et que ce hasard surnaturel n'est autre chose que la main du Très-Haut. Qu'ils sont à plaindre ceux-là qui contestent à Dieu ses œuvres qui sont les plus magnifiques témoignages de sa bonté pour les hommes.

Et cependant qu'ils sont ridicules, puisqu'ils n'ont pu se défendre d'un immense respect pour le vieil évêque de Blois, ni s'empêcher de croire ni de rendre hommage à ses vertus. Ainsi donc ils honorent plus le pontife que la religion dont il n'est que le ministre, qui lui a inspiré ses actions, ses bienfaits, ses vertus, qui a soutenu son courage et a fait le bonheur de sa vieillesse et lui a gardé l'espérance de l'éternité dans les cieux. Le maître est plus que l'esclave, le roi que son ambassadeur, et Dieu que son ministre.

Que ces cris échappés de notre cœur et inspiré par la céleste vérité frappent l'oreille de l'impie, et qu'un rayon de lumière se répande dans son âme et qu'il déplore sa longue et folle erreur. Que le récit de la vie merveilleuse du vieillard, dont la tête porta le diadême épiscopal des pontifes de Blois, soit la consolation des chrétiens et la confusion des impies. Et heureux se déclare celui qui a tracé le récit de ses admirables vertus et qui a essayé de rendre hommage à la religion qui fait sa plus douce espérance ! Si nous n'avons pas aussi magnifiquement parlé de ses profondes sublimités que Jean le bien-aimé qui dormit sur le cœur de son Dieu, c'est que le Verbe n'a donné qu'à lui de raconter des mystères que les hommes n'ont point compris ; nous n'avons point les paroles de Jean parlant le Verbe de Dieu ; mais nous avons peint les faibles choses que notre esprit a saisies pour la gloire du Verbe et l'édification de ceux qui croient au Père, au Fils, au St-Esprit, ne faisant qu'un seul Dieu en haut dans le ciel et en bas sur la terre. Amen.

FIN.

BREVE
Summi Pontificis Pii VII,
POPULO CIVITATIS ET DIOECESIS BLESENSIS.

—

Pius, Episcopus, servus servorum Dei, dilectis filiis populo civitatis et Diœcesis Blesensis, salutem et apostolicam benedictionem.

Hodiè ecclesiæ Blesensi per nos vigore litterarum apostolicarum, noviter erectare, de personâ dilecti filii PHILIPPI-FRANCISCI DE SAUSIN electi Blesensis, nobis et venerabilibus fratribus nostris sanctæ romanæ ecclesiæ cardinalibus, ob suorum exigentiam meritorum acceptâ, de fratrum eorumdem consilio, auctoritate apostolicâ providimus, ipsumque eidem ecclesiæ Blesensi in episcopum prœficimus et pastorem, curam, regimen et administrationem ipsius ecclesiæ Blesensis

BREF
de SS. Pie VII.
ADRESSÉ AUX FIDÈLES DU DIOCÈSE DE BLOIS.

—

Pie, Evêque, serviteur des serviteurs de Dieu, à nos chers fils, les fidèles de la ville et du diocèse de Blois, salut et bénédiction apostolique.

Aujourd'hui, de l'avis de nos vénérables frères les cardinaux de la sainte Eglise romaine, et de notre autorité apostolique, nous avons pourvu l'Eglise de Blois nouvellement érigée par nous en vertu de nos lettres apostoliques, en instituant notre très-cher fils, PHILIPPE-FRANÇOIS DE SAUSIN, élu évêque de Blois, et qui nous est agréable, et à nos V. F. les cardinaux de la sainte Eglise romaine, pour l'excellence de ses mérites, et l'avons établi Evêque et Pasteur de cette même

in spiritualibus et temporalibus plenariè committendo, prout in nostris indè confectis litteris pleniùs continetur.

Quocircà universitatem vestram monemus et hortamur attentè vobisper apostolica scripta mandantes, qualenus eumdem PHILIPPUM-FRANCISCUM electum tanquàm patrem et pastorem animarum vestrarum devotè suscipientes et debitâ honorificentiâ pertractantes, ejus monitis et mandatis salubribus humiliter intendatis. Itaque dictus PHILIPPUS-FRANCISCUS electus in vobis devotionis filios, et vos in eo per consequens patrem benevolum invenisse gaudeatis.

Eglise de Blois, lui confiant pleinement le soin, le gouvernement et l'administration de la même Eglise de Blois, tant pour les choses spirituelles que pour les temporelles, ainsi qu'il est dit plus long dans nos lettres écrites à ce sujet.

C'est pourquoi nous vous avertissons et nous vous exhortons tous sans exception, de recevoir avec respect ledit PHILIPPE-FRANÇOIS élu, comme père et pasteur de vos âmes, de lui rendre l'honneur qui lui est dû, et d'obéir humblement à ses avertissements et à ses ordonnances salutaires : de sorte que ledit PHILIPPE-FRANÇOIS élu, se réjouisse d'avoir acquis en vous des enfants soumis, et que vous vous réjouissiez d'avoir trouvé en lui un père plein de bienveillance.

TABLE.

Chapitre III.

Chapitre IV.

Chapitre V.

Chapitre IX.

Chapitre X.

Chapitre XI.

Chapitre XII.

Chapitre XIII.

FIN DE LA TABLE.

www.ingramcontent.com/pod-product-compliance
Ingram Content Group UK Ltd.
Pitfield, Milton Keynes, MK11 3LW, UK
UKHW020149200726
13856UKWH00003B/911

9 782011 768421